蝶 泳

许胜才 编著

吉林文史出版社

目录

第一章 了解蝶泳

第二章 蝶泳动作练习

第一章

了解蝶泳

世界上有许多美丽的事物常常给人们带来很深的感动，比如，蝴蝶的翅膀，它简直就是上帝的礼物，不知道曾有多少人希望自己长出翅膀，像一只顽皮的精灵一样四处飞翔。然而，这也只是一个美丽的愿望而已。直到你接触了蝶泳，你就会发现，你自己好像真的就像长出了蝴蝶的翅膀一样，泳池、江、河、湖、海都可以是自己的天空，畅游时，就如同飞翔，这种感觉，只有学会了蝶泳之后才能体会到。蝶泳的过程，像蝴蝶绚烂了天空一样，我们也能以优雅美丽而强劲的姿态装点水中世界。

很多人在泳池边看到别人蝶泳总是忍不住多看几眼，一来是因为蝶泳技术精湛的人身材也会很棒，二来是了解蝶泳的人都知道，在游泳的四种泳姿之中蝶泳的难度是最大的，姿势也是最美丽的。蝶泳之人如同水中游过的美人鱼，怎么会不吸引人的目光呢？但是，只有当你真正了解了蝶泳才会知道它的魅力所在。喜欢蝶泳的朋友们，一起来了解蝶泳吧。本书第一章节就是为了让大家从了解蝶泳开始，爱上蝶泳。

蝶泳的前世

蝶泳，顾名思义，就是游泳时像蝴蝶一样翩翩起舞展翅而翔。蝶泳以其优美的姿态，强大的爆发力，仅次于自由泳的速度而成为游泳项目的宠儿。蝶泳是由蛙泳发展而来的，当蛙泳技术发展到第二阶段时，也就是1937－1952年这一时期，在游泳比赛中，有些运动员采用两臂划水直到大腿后才提出水面，再从空中迁移的技术，从外形看，好像蝴蝶展翅飞舞，所以它被称为“蝶泳”。

在竞技游泳的四种泳姿中，蝶泳是最年轻的一个，自由泳、仰泳、蛙泳、蝶泳四种泳姿各有千秋，这四种泳姿的区别如下：

身体姿势：自由泳的身体姿势要求身体尽可能平直，腿刚好露在水面打水；仰泳的身体姿势要求两耳刚好放在水中，臀部刚好在水下面，双脚刚好露出水面，头部保持稳定；蛙泳的身体姿势要求头部和臀部尽量保持高位身体以胸部为基准；蝶泳的身体姿势要求肩部必须保持在水面上，臀部接近水面，头比双臂入水要低，抬头要低。

手臂动作：自由泳的手臂动作为入水——伸展——抱水——向内划——向上划——移臂；仰泳的手臂动作为入水——抱水——向下划——向后划，第二次下划——复位——移臂；蛙泳的手臂动作为向外划——抱水——向下划——向内划——伸展；蝶泳的手臂动作为入水——向外划——抱水——下划——向内划——上划时移臂。

腿部动作：自由泳的腿部动作要求双腿并拢，膝部不能弯曲过度，向下打水；仰泳的腿部动作要求双腿靠拢上下交替打腿，膝部可弯曲但是不能露出水面；蛙泳的腿部动作要求双腿先伸展，然后收腿，向外蹬腿，然后下蹬腿，内蹬夹腿；蝶泳的腿部动作要求开始时不能屈膝，双腿要并拢，一旦脚后跟露出水面，立刻弯曲双腿向下打水。

呼吸动作：自由泳的呼吸动作要求头朝肩膀出水的那侧呼吸，其中有轻呼吸和爆发式呼吸；仰泳的呼吸动作要求在一只胳膊移动时呼气，在另一只胳膊移动时吸气；蛙泳的呼吸动作要求在臂部做有力的内划动作时呼吸；蝶泳的呼吸动作要求向上划动作时开始呼吸。

臂部、腿部的配合节奏：自由泳的配合节奏要求打腿六次两臂各划一次水；仰泳的配合节奏要求划臂一次打腿六次；蛙泳的配合节奏要求保证蹬腿动作在双臂伸展时完成；蝶泳的配合节奏要求划臂一次打腿两次。

自由泳、仰泳、蛙泳和蝶泳，四种泳姿各不相同，在游泳时要注意的侧重点也有所不同，但还是可以看出蝶泳与蛙泳两者之间有着千丝万缕的关联。

如要追根溯源，还得从 1933 年说起。1933 年布鲁克林青年总会在人们的期盼下如约而至，来自美国的青年亨利·麦尔斯在游泳比赛中两臂同时伸出水面在空中移向前方两腿合并上下摆动蹬水，如同翩然起舞振翅高飞的蝴蝶向前加速，此举一时艳惊四座，名垂千古！这仅仅是一个开端。

蝶泳和蛙泳有很深的渊源，蝶泳是由蛙泳发展而来。20 世纪 30 年代初有的运动员为了提高蛙泳速度，在划水结束后把臂提出水面，两臂从空中向前摆，好像是蝴蝶展翅的样子，因而被取名蝶泳。这个时期的蝶泳虽初现光芒但是还只是和蛙泳一起称为俯泳，两者并没有分开来。直到 1952 年第十五届奥运会 200 米比赛中运动员们不约而同地都使用了蝶泳技术，不仅速度更加可观，观赏性也大大加强。这也促使蝶泳和蛙泳分开进行比赛，蝶泳终于自立门户，成为单独的一个比赛项目。自立门户的蝶泳在技术上也不断精进。1953 年国际泳联规定，蝶泳和蛙泳分开进行比赛。蝶泳与蛙泳分开后，蝶泳成为一个独立的比赛项目，蝶泳的技术得到迅速发展。1953 年来自匈牙利的游泳运动员乔治·董贝克创造了蝶泳的世界纪录。这是一次伟大的创举，尤其是他的技术动作是在一个周期内打三次腿，让他在游泳项目历史中占有一席之地，显赫一时！ 10 多年以来蝶泳技术都是两臂同时划一次，打水两次。身体俯卧在碧波中，依靠着双臂强有力地划水，腿如同波浪上下打水推动身体向前运动。1972 年第二十届奥运会上皮茨运用这种游法创造了奥运会 100 米、200 米蝶泳的世界纪录，皮茨因此成为拥有这项游法的杰出代表，一领风骚！

直至 1956 年，奥运会比赛项目中才把蝶泳和蛙泳分开，把蛙泳设为独立的比赛项目。此后，为了能够使蝶泳技术得到更大程度上的改进和提高，奥组委在蝶泳规则中增加了一些能够在垂直面实施上下打腿的规定，而这样也为蝶泳的变种游泳姿势——海豚泳能够参加较为正式的比赛提供了依据。

蝶泳虽然是奥运会游泳竞技项目（仰泳、自由泳、蛙泳、蝶泳）之中最后发展起来的，也是四种姿势之中最年轻的竞技项目，但它却是四种竞技游泳姿势中仅次于自由泳的第二快的游泳姿势。其实到了 60 年代蝶泳技术日臻成熟，形成了三种技术类型：1. 两臂宽划水，打一次腿，拖一次腿；2. 两臂窄划水，第一次打腿重，第二次打腿轻；3. 高肘划水，臂划水路线成钥匙洞形，两次打腿都较重，有效划水路线长。现如今，许多出色的运动员采用的是以上第三种技术类型。

蝶泳的今生

其实，蝶泳还有另外一个名称叫作“海豚泳”。海豚泳也就是现代蝶泳。海豚的尾巴像一个大扇子，向前游时利用自身的躯干和它扇形的尾巴做上下波浪动作来使自己前进，游速很快。海豚泳和一般蝶泳的姿势大同小异，双臂的动作基本一样，主要的区别只是在腿部的动作，一般蹬腿蝶泳收腿时会产生阻力，对动作的连贯性和前进速度都有一定的影响。海豚泳上下打腿如同波浪一样的腿部动作，动作连贯，前进速度也明显比蹬腿蝶泳的速度均匀些。海豚泳技术先进，受到广大蝶泳运动员的青睐。20 世纪 30 年代来自美国的运动员就利用海豚泳技术创造了很好的成绩，因当时受规则的限制，未被列入比赛项目。规则修改后，仅仅几年的时间海豚泳就取代了原来的蹬腿蝶泳。海豚泳便是蝶泳的“今生”。

除去拍摄角度，上面两种游泳姿势是不是颇为相似？现代蝶泳成为海豚泳真是形神兼备呢！

海豚泳最基本的动作是双臂进入水中之后向外分开，分开时要注意手心同时转向外侧，然后转到两侧下进行划水。划水到腹下时要注意，这个时候肘关节弯曲的程度达到最大，两只手的距离很近，接下来朝后方向外推水；两手在大腿两旁借助划水产生的惯性出水，双臂在空中绕半圆向前移动，直到前方时伸直进入水中，入水点要与肩同宽。双臂的动作跟蝶泳运动类似。接下来便是腿部动作，双腿合拢上下打水，如同波浪。打水时大腿下沉，膝关节微微弯曲，让小腿和脚掌向后用力向下方压水。压水时，及时抬起大腿，形成波浪状，连续不断推动身体向前游。双臂和腿的配合也相当重要，最好是双臂划水一次，腿打两次水。小波浪前进对其他游泳姿势来说相当不合理，但是实践证明，小波浪形的游泳形态与蝶泳结合甚好！

自 50 年代以来，蝶泳史上成绩最为显著的便是美国、匈牙利、日本、澳大利亚、德意志民主共和国、德意志联邦共和国、瑞典等国。在那个时候，中国的蝶泳还未取得很大的成就，甚至说蝶泳是中国的一个弱项。但是近年来中国的蝶泳也呈现出欣欣向荣的景象，近些年来中国在蝶泳项目上取得的成绩已经跃居世界先进水平。目前世界男子蝶泳比赛的世界纪录保持者有：

男子长池纪录（截止时间 2014 年 6 月 30 日）

50 米蝶泳世界纪录保持者西班牙选手佩雷兹，时间：22 秒 43（2009 年 4 月 5 日西班牙马拉加）

100 米蝶泳世界纪录保持者美国选手菲尔普斯，时间：49 秒 82

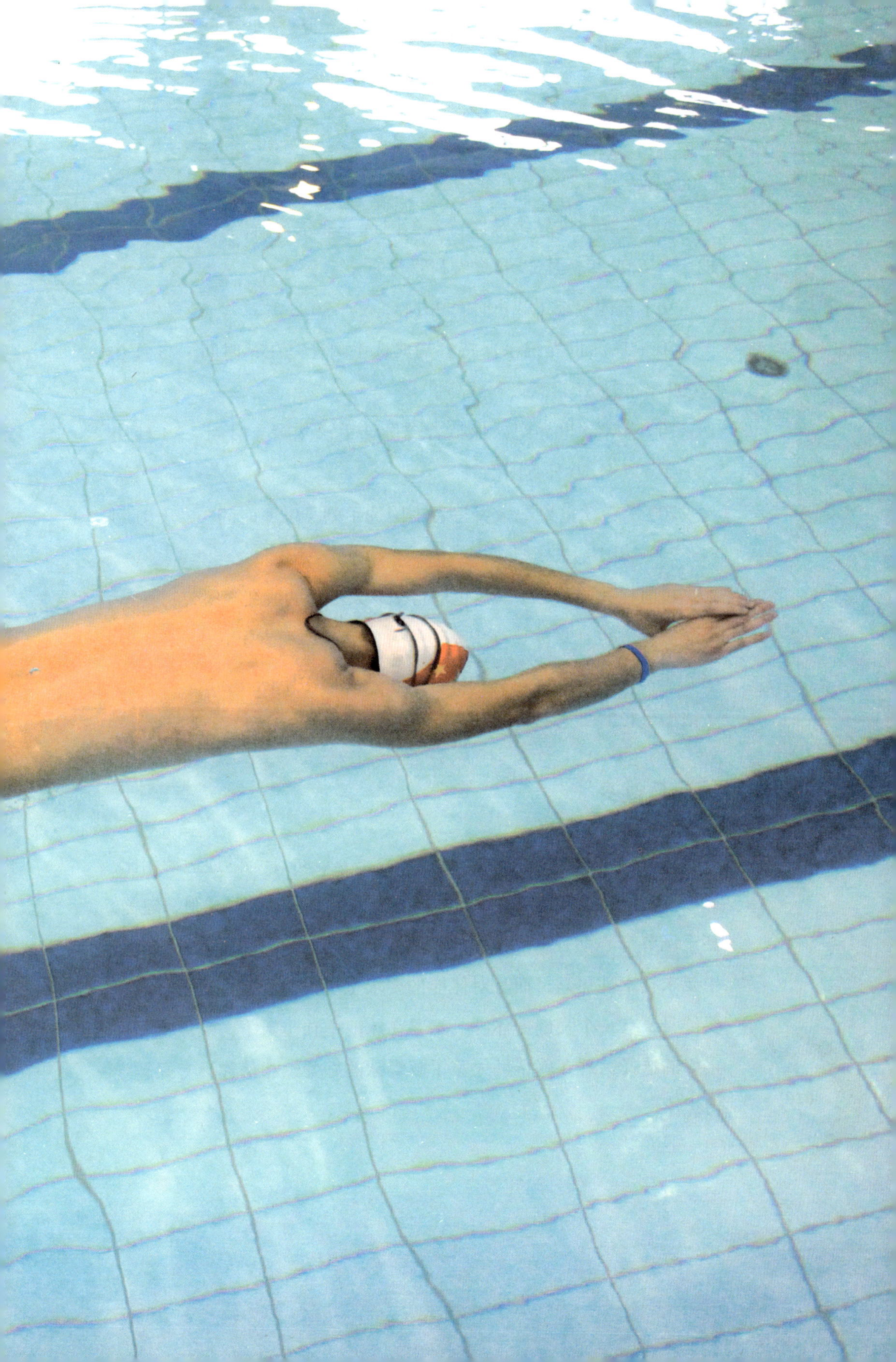

（2009 年 8 月 1 日意大利罗马）

200 米蝶泳世界纪录保持者美国选手菲尔普斯，时间：1 分 51 秒 51（2009 年 7 月 29 日意大利罗马）

女子长池纪录（截止时间 2014 年 6 月 30 日）

50 米蝶泳世界纪录保持者瑞典选手阿什马尔，时间：25 秒 07（2009 年 7 月 31 日意大利罗马）

100 米蝶泳世界纪录保持者美国选手沃尔默，时间：55 秒 98（2012 年 7 月 30 日英国伦敦）

200 米蝶泳世界纪录保持者中国选手刘子歌，时间：2 分 01 秒 81（2009 年 10 月 21 日中国济南）

目前在我国，男子蝶泳也取得了令人可喜的成绩，田荣、吴鹏、周嘉威等人也在蝶泳比赛中有过很好的表现，而女子蝶泳双姝刘子歌和焦刘洋已经成为世界顶尖的选手。他们给中国蝶泳发展史画上了浓墨重彩的一笔，是中国蝶泳的有功之臣。

蝶泳与健身

众所周知，游泳被誉为“全民健身第一运动”，与陆地运动相比，游泳将会消耗更多的能量，对体能有更高的要求，是对减肥、健美，甚至调节身心都有重要作用的一项运动。而蝶泳，在所有游泳姿势中要求技术性更高，而且对体能的要求也更大，观赏性也更强。想要健身，有一个强健的体魄，想要在泳池中独步天下，蝶泳将是你最好的选择。现在就帮助大家了解蝶泳的好处，相信你会有兴趣学习蝶泳。

❖ 健康的减肥方式

现如今全民减肥，健美的体格是大家都梦寐以求的。生活中不健康的减肥方法比比皆是，比如，盲目节食，吃减肥药等等。最后不仅没有达到减肥效果，还损害了自己的身体。但是健康的减肥方法没有受到重视。运动，是最健康的减肥方法，它不仅能有效地减去身上多余的脂肪，而且能让身体变得更健康。而游泳是一种全身运动，身体的每一个地方都在运动，能在很短的时间内消耗更多的脂肪，因此游泳是兼具保健、减肥于一体的多功能运动项目，是想要苗条身材的男男女女的福音！

当然，有的人会认为这是运动员自己说的，其实不然，游泳减肥是有科学依据的，尤其是蝶泳塑身法，更是有理有据。蝶泳相对于其他泳姿来说，可能有些许困难。毕竟，蝶泳是技术难度最大的。可是，以游泳减肥来说，能量的消耗与水温、速度、姿势都有密切关系。水温低散发的热量就多，消耗的能量也就越多。游泳在水的浮力的作用下，全身呈现水平状态，双腿不断用力打水，这样能够减少腿部、臀部、腹部的脂肪。而蝶泳注重双臂和腿部的力量，人在蝶泳时，通常会利用水的浮力，全身松弛而舒展，使身体得到全面、匀称、协调的发展，使肌肉线条流畅。蝶泳可以锻炼臂肌和瘦腿瘦臀，还能让肩膀更宽（当然，这一点主要是针对男士的）。在水中运动由于减少了地面运动时地对骨骼的冲击性，降低了骨骼的劳损概率，使骨关节不易变形。水的阻力可增加人的运动强度，但这种强度，又有别于陆地上的器械训练，比较柔和，训练的强度又很容易控制在有氧域之内，不会长出很生硬的肌肉块，可以使全身的线条流畅、优美。

5
6
7
8
9

不仅如此，蝶泳时感受到清清凉凉的水在身上的每一个部位抚摸，使皮肤光滑有弹性，紧致身体皮肤，避免皮肤老化。许多明星也都选用游泳的方式来塑身美体呢。

❖ 锻炼手脚的协调性

蝶泳手臂动作和腿部动作需要很好地配合。在练习蝶泳的时候，可以训练手脚的协调力，锻炼小脑的活动能力，不仅如此，也让整个人的姿态更加优雅。有许多家长想让小孩子锻炼肢体的协调能力，蝶泳就是一个全身的运动项目，需要手脚身体很好地配合，而且还需要配合得相当精准，这是最好的锻炼肢体协调能力的方式。

❖ 增强抵抗力

游泳池的水温常为26℃到28℃，在水中浸泡散热快，耗能大。为尽快补充身体散发的热量，以供冷热平衡的需要，神经系统便快速做出反应，使人体新陈代谢加快，增强人体对外界的适应能力，抵御寒冷。经常参加冬泳的人，由于体温调节功能改善，就不容易伤风感冒，还能提高人体内分泌功能，使脑垂体功能增加，从而提高对疾病的抵抗力和免疫力。在练习蝶泳时，运动量更大，效果更加明显。如今不仅上班族，就连学生都缺乏锻炼，身体的体质越来越差。但是有些上班族不喜欢让身上汗淋淋的运动方式，这个时候可以到游泳馆学习蝶泳，一方面锻炼自己日益下降的体质，另一方面也可以缓解工作压力。而青少年学生到泳池学习蝶泳，一方面可以锻炼身体，另一方面也可以在学习蝶泳中获得很多的乐趣。全民健身项目，也就是全民健康项目。有个好身体，才是王道。

❖ 增强身体的柔韧度

观察蝶泳的姿势就知道这种泳姿一定很能锻炼身体的柔韧性。蝶泳的人如同水中灵活的海豚，身体柔软轻盈，十分具有美感。长期蝶泳，身体的柔韧度自然会变好，蝶泳者如同水中的舞者。有一句关于蝶泳的戏言："自从练习了蝶泳，我的痒痒再也不用别人挠了。"幽默的话语却足见蝶泳在增强身体柔韧度方面的作用。

❖ 改善心血管系统

冷水能刺激能量调节，促进新陈代谢和加速血液循环。蝶泳使水压对心脏和血液起到特殊的作用，蝶泳时心跳速度加快会加大心脏的负荷，也会加强心房和心室的肌肉组织能力，使心脏的容量也逐渐加大，达到减少心脏跳动次数的目的，节省了心脏活动，长此以往，对调节血压、增强血管的弹性也大有裨益。

练习蝶泳时，需要提供足够的氧气，想要使身体获得足够的氧气，呼吸肌就必须不断克服来自水中的压力，对心脏、心肌进行很好的锻炼。

❖ 误区：治疗腰椎间盘突出

网上很多朋友说练习蝶泳能够治疗腰椎间盘突出。其实，这个说法是不正确的。各式标准泳姿，是依据人体的解剖生理、运动生理、物理原理等长期科学实践获得的，理论上应该对身体无害（过度运动除外）。就蝶泳来说，标准游泳姿势，会梳理各椎骨间的关系。一定要记住前提——正确的蝶泳波浪，非标准、不规律地游，其结果是没把握的。

但是，一定要记住，腰腿痛、腰椎间盘突出者不宜蝶泳。蝶泳

主要靠腰腹部及双上肢发力，动作幅度比较大，长时间进行蝶泳容易因肩膀使用过度而造成肩部软组织的慢性炎症，也就是俗称的“游泳肩”。长时间蝶泳也因腰椎的椎板长时间受力而容易引起压缩性骨折。所以，专家建议，有腰腿痛或者腰椎间盘突出症的患者不宜进行蝶泳。

专家建议：

1. 下水前的热身运动必不可少，每次热身时间不少于 10 分钟。

2. 若以康复治疗为目的，每周游泳次数不宜超过三次，避免过度疲劳引起运动损伤。

3. 腰腿痛、关节炎急性发作期不宜游泳，需在恢复期才可进行，并且在医生的指导下采取正确的游泳姿势，制定适合的运动量及运动周期。

蝶泳与调节身心：在水中遨游能让我们忘了工作的压力和生活的烦恼，全身心投入到一种运动中，身心都会得到放松。水滑过肌肤如同轻柔地抚摸，让人觉得舒适。蝶泳会消耗大量体力，这样晚上就会睡得更好，有利于改善不良睡眠习惯。从这个角度来说，蝶泳真是一个不错的养生之道！怪不得那么多女性青睐蝶泳，因为它能使人越变越年轻。

❖ 你不知道的蝶泳技巧

了解了蝶泳之后，你是不是也动心了呢？或者是想要挑战一下蝶泳？学会游泳不难，学会蝶泳就稍稍有点难度了。在游泳池转一圈会发现很少有人采用蝶泳泳姿。刚开始，初学者都会有些许尴尬，蝶泳没“蝶”起来。其实只要掌握了蝶泳的技巧，一切困难就可以迎刃而解，学会蝶泳指日可待。那么，我们就一起来学习蝶泳吧！

首先，说一下蝶泳的口诀，就好像武林秘籍一样，若是照着这个口诀来做，也能让你练习蝶泳事半功倍，也算是功力大增吧。蝶泳口诀如下：

胸腋下压，肘尖相离，收腹提臀，入水铁律。

侧压划水，内扫发力，虎背升腾，后摆弹臂。

耸肩甩腕，悠移双翼，轻拿轻放，肘高手低。

腿起腿落，源自腰脊，蛇态波状，首项为旗。

教练的解释是这样的：

蝶泳开始，双手在肩宽位置入水，双腿微微弯曲，准备开始下打动作，头部稍微前倾。回手时双臂所产生的力量，使双手下沉，并加上肌肉力量，使手臂做斜线的外划。双腿下打动作开始。

踢腿完成，继续划水。腿下踢的反作用力造成臀部抬升至水面。头部开始上提。

双臂先向下划然后向后划，达到最大宽度时肘关节抬高。双腿完成第一次打水动作。

双手经过身体正下方时接近 90 度。

当手经过肩膀下方，肘部开始接近身体。双腿开始打水。泳员颈部开始屈曲，头部微沉于水中。

双臂提离水面，开始回手动作。双腿上提，膝关节伸直，头部低下，使回手动作更为容易。

双手挥过肩膀，手掌向下方，肘关节完全伸展，双足开始跖屈。

双手沉入水中，大腿同时做下打动作。膝关节屈曲加大。双足接近露出水面。

当划水的第一阶段，腿下打动作接近完成。泳员在前一循环闭气，在臂划开始的同时，做呼气动作。上臂的旋转造成高肘的位置。

看完此段之后是不是还是觉得有很多困惑，试着去理解一下，跟随以上逐步的介绍，再佐以这个口诀心法，一定就能学会蝶泳。

第二章

蝶泳动作练习

熟悉水性当然是蝶泳的第一个步骤，如果连最基本的游泳都没有接触过，又怎么可能一开始就学蝶泳呢。专家认为，练习蝶泳者有必要先掌握并且熟悉水性之后，再开始进行蝶泳的练习，这样就算是刚刚开始学习游泳的人也可以赶上大家的进度一起来享受蝶泳的乐趣。

初学者最大的问题就是对水的恐惧感，水下环境和陆地环境不一样，初下水，不能适应，觉得呼吸困难，会出现害怕淹死等恐惧心理。不能突破心理上的恐惧是没有办法练习好蝶泳的。

为了消除怕水心理，初学者应掌握游泳中最基本的一些动作，如呼吸、漂浮、滑行、踩水等，为以后学习和掌握各种游泳技术打下基础。

动作方法分析：

吸气：必须用嘴吸气，呼气用口或鼻。正确的吸气方法能避免鼻腔大量进水。这一方法的重点在于用嘴吸气，人们习惯用鼻子吸气，游泳时一定要记得改变这个习惯。

吸气说简单也不简单，要记得用嘴吸气。

漂浮：蝶泳练习时应深吸一口气，在水中闭气的时间尽可能长。很多人都记得，小时候在家乡的小河里经常与伙伴们比试谁在水中的闭气时间长，闭气时间是可以练习的。站立时，两臂前伸向下按压水面并抬头。

滑行：滑行时抬头塌腰，低头，头夹于两臂之间，腰腹适当紧张。

踩水：踩水时，身体直立于水中，腰部要发力并支撑起整个身体，臀部感觉好似固定在一个支撑物上，两腿同时上收，同时向侧下蹬夹水。双手同时做前侧下弧形按压水动作。踩水动作手脚协调性要求很高，练习时注意手脚的分工，同时两者也要配合好。

水中行走：紧贴水面，随脚的移步两臂向两边拨水。这样除了保持身体平衡外，还能加快行走的速度。水中行走能有效地消除怕水心理，最重要的是行走时要保持平衡。

初学蝶泳的难点

许多初学者反映，蝶泳时似乎总是不能得心应手，学习起来也很困难。笔者认为，蝶泳者初学时都会遇到以下问题。本节旨在指出初学蝶泳时的难点和易错点，之后的各个小节会逐条进行详细注解，让大家了解初学蝶泳时容易犯哪些错误，以此提高初学者的警惕性，让大家在正式练习的时候不会犯这些错误。

笔者根据自己学习蝶泳的经验总结，蝶泳最容易犯拖肘的错误，蝶泳时身体不能侧转，双臂和双手必须先向外划水然后朝后方推水。如果是直接下划再向后推水，则会产生发力过早的失误。

❖ 手臂动作有误

手臂动作最易犯的错误是抓水动作完成过早或过晚，抓水角度不对。手臂出水或入水应该在头部出水或入水之后。手臂入水的位置是肩部的延长线上，以大拇指斜插入水。手臂动作结束后应向内、向后划水。手臂动作是细节，但是常言道“细节决定成败”，细节问题也不容忽视。

❖ 腿部动作有误

蝶泳与蛙泳的不同主要在于腿部动作，所以蝶泳的腿部动作特别重要，现代蝶泳即海豚泳打腿效果不好，主要原因，可以归纳为以下几点：一是伸踝能力不足或者踝内转能力不足；二是向下打水时，

打水过深；三是向上打水时，膝盖弯曲程度过大。

❖ 手臂和腿部配合不协调

手臂和腿部动作的配合，是手臂划完一次，要打两次腿。手臂和腿部的配合最容易犯打腿过早的错误。这是因为初学者动作停滞不连贯，入水后，双臂伸向前方时还未划臂就已经完成了两次打腿动作，这样容易失去平衡，臀部下沉。在配合方面，还容易犯的一个错误是只打一次腿。只打一次腿，臀部很难提到水面上，身体也不容易保持平衡，呈现倾斜的姿势，阻力也相对加大，速度也会受到影响。

❖ 身体姿势有误

身体错误的姿势有两种：一是波浪动作太小，造成这个错误的原因在腿部，腿部打腿动作不到位，臀部下沉，还有就是向上打水时膝盖过于弯曲，这也影响提臀；二是波浪动作过大，虽然之前也有人提过，大波浪是不是更加有利于蝶泳技术的精进，但是小波浪才是主流，波浪过大会增加身体在水中的面积，这样游泳的阻力也会加大，打腿过深，就会使臀部露出水面，使得身体波浪过大。适当的波浪动作会成为蝶泳速度的双翅，带你飞得更快。

❖ 呼吸方法不对

在游泳时，最重要的是呼吸之法，由于蝶泳相当耗费体力和能量，在蝶泳时就容易缺氧。所以，呼吸之法相当重要。呼吸方法有误主要体现在吸气时头部位置过低或者过高，头部位置太低，在空中双臂向前移动后，手臂在水中就会遇到更多的阻力。在吸气的时候，肩部应该露出水面，而且，为了不使手臂出现挡水的情况，移动双

臂时，头和肩都要提到一定的位置，不高不低。

再者，吸气过早过晚也是呼吸错误之一，吸气过早会使动作停顿不连贯，影响到手臂划水和腿部的配合。而呼吸过晚，是指在移臂动作结束之后双手准备向外划时才吸气。吸气过晚，会影响下一次的动作，也会造成节奏混乱。

❖ 腰部动作有误

蝶泳腰部练习主要在于体会蝶泳的躯干波浪动作，也可以作为游泳入水前的热身动作。蝶泳中打腿很重要，其实腿部的力量来自腰部。在练习中，蝶泳的腰部动作常常被忽略。很多初学者都认为，只要手臂和腿的动作正确了，那么蝶泳就没什么问题了。这种想法就导致蝶泳的速度提不起来，游的时候力量不够。腰部动作常见的错误如下：

1. 游的时候弓背弓肩，肩部夹得过紧，腰部无法发力。

2. 为了游得更快，髋部一直向前移，这样也会影响腰部发力，不仅费力还对腰部有损伤，所谓“欲速则不达”说的就是这个道理。

3. 在做蝶泳动作时没有看到腰部的波浪。游泳的时候觉得腰腹部过于紧张，虽然是腰部发力，但是没有将力量过渡到腿上。改正方法：腰部的力量要有过渡，简单来说就是反映到臀部的起伏。

总而言之，游泳时腰腹部一定要参与动作，不然不仅吃力，而且速度无法提高。

❖ 蝶泳的距离

刚开始大家学习蝶泳的时候都反映只能游很短的一段距离，这本就是蝶泳的一大难点。所以怎么能让自己游得更远，这也是一个难点。

❖ 游泳后的疲劳恢复方法

其实蝶泳还有一个难点，就是蝶泳后疲劳的恢复。这也是我们常常忽视的问题，当然也有人在游泳后就算很疲劳，睡一觉之后就什么事情也没有了，但是有些人在过度疲劳之后自然恢复会很慢。下面的几种方法是游泳后疲劳恢复的几个比较不错的方法。

1．饮用含盐饮料

在练习游泳后，身体的恢复很重要。所以在运动后我们可适时地饮用含有盐分的饮料。饮用的方法如下：将少量食盐和有质量保证的口服液同蒸馏水或者矿泉水调配在一起，然后装在磁化杯里。游泳过后，如果感觉到过度疲劳，则可以用上面的方法自制饮料。其原理是：磁化矿泉水，能够更好地补充身体所需要的水分，使血液浓度下降，这样就可以使新陈代谢的速度加快，促使血液能更好地循环，也有利于提高大脑功能。

2．利用心理学恢复

心理学恢复是运用得相当普遍的过度疲劳的恢复方法。心理学的恢复方法包括以下几个方面，放松训练的方法、调节呼吸的方法、利用催眠暗示和自我心理调节等。

放松训练的方法：让自己的身体仰卧，两条腿舒展伸直，两只手臂也自然伸直，两臂放于体侧，从头到脚逐渐完全呈自然的状态放松，游泳之后能这样放松 10 分钟，你会发现解除疲劳的效果十分明显。

调节呼吸的方法：先吸气然后憋气最后吐气。要注意的是吸气和憋气之间的比例大约是 3 比 2。自然呼吸，如果全身的细胞觉得

很爽快，这时候身体会很自然处于放松状态。

另外，利用催眠暗示也是能有效地解除疲劳的方法。催眠暗示的方法可以使我们在较短时间内解除疲劳状态，让我们可以得到充分的休息。

3. 按摩解除疲劳

按摩是消除疲劳的有效方法，更多的人喜欢用按摩来解除疲劳，一方面可以使自己放松，另一方面也是大大的享受。按摩解除疲劳是通过外部刺激来影响中枢神经系统，以此来促进血液循环，按摩可以使运动后僵硬的肌肉中闭塞的毛细血管开放增多，增强身体局部血液的供应，使得肌肉力量和弹性大大增加，有效防止肌肉萎缩。如果感觉疲劳时，也会感觉到自己的肌肉僵硬和肌肉酸楚。按摩可以促进代谢产物的快速消除，使疲劳更快速地消失。在对身体进行按摩的时候，应该按先按摩大肌肉群、后按摩小肌肉群的顺序按摩。如果按摩下肢，先按摩大腿的肌肉，这样可以使得同侧的小腿肌肉和对侧大腿肌肉都产生良好的影响。反过来，要是先按摩小腿就不能产生这样的效果。还有人体的关节也是一个需要着力注意的按摩点，因为关节不仅是运动的着力点，同时也是运动枢纽中的关键部分。可是人体的关节很多而且很复杂，所以在关节按摩时要求的技巧也会较高，按摩关节的手法以揉为主。轻轻地推拿之后边揉边重推，时不时地进行按压，最后以轻揉慢推来结束。

4. 慢游消除疲劳

产生肌肉疲劳的主要原因是身体内部的血乳酸堆积。剧烈运动可以使身体内部的乳酸增加普通数值的 20 ～ 30 倍，这样会使得肌肉的工作能力下降，所以要想解除疲劳就要快速消除血乳酸堆积。资料显示，血乳酸堆积的情况完全消除，需要 1 ～ 2 小时，但是要是进行了积极性恢复就只需要 30 ～ 60 分钟。在水中漫游可以加快乳酸消除，在大强度的游泳训练后，在水中慢游 800 米以上，这样可以对解除身体疲劳有很好的作用。

除此之外，还可以选择中草药缓解疲劳。中医博大精深，在很多时候人们更多地选用中药来进行保养，许多中草药在保健强身方面有十分显著的疗效。一些中草药及其制剂如田七、刺五加、丹参、枸杞、当归、阿胶、冬虫夏草、红景天等，对提高运动能力、消除身体的疲劳、促进身体恢复方面 都有较好的作用。经常做大量运动的人可以服用一些中草药来帮助自己解除疲劳。

蝶泳之手臂技巧

本章节介绍有关蝶泳的动作规范，包括蝶泳最主要部位的规范问题、手臂的技巧、双腿的技巧、呼吸的技巧，还有手臂、腿、呼吸之间的配合。希望大家在愉快阅读的同时掌握蝶泳的姿势与技巧，勤加练习。相信功夫不负有心人，只要付出了自己的汗水，就一定会取得成功。下面首先来介绍一下手臂技巧：

在可以翻查的蝶泳手臂技巧资料中，关于手臂的技巧繁复冗杂，笔者将收集的资料和自身的经验总结起来，想帮助大家能够真正掌握蝶泳这门游泳技术。一开始，当然要从重头戏开始——手臂动作。为什么说手臂动作很重要？蝶泳的手臂动作和蛙泳很像，要是有蛙泳基础的人学习起来会比较快。但是蝶泳的空中移臂是个难点，虽然学习“心法”都一样，但是不同的人有不同的理解，手臂动作自由发挥的程度很大，个人耍出来的“招式”不尽相同，但是，其主要部分还是不能丢，手臂动作主要可以简单分解为以下几步：

1. 双手在肩宽位置入水，头部前倾，双手下沉，手臂做斜线的

外划。

2．双臂屈肘划向腹部下方，这个动作的感觉有点像抱水，双臂画圈往身体下方呈抱大圆球的姿势。

3．双手抱水到身体下方后，擦臀部大腿侧提肘出水。

4．双臂提离水面，转肩抬肘，肘关节并不完全伸直，保持微弯，双臂尽力向前伸展，手掌向下方，再次入水。

以上只是简单进行讲解，下面会逐步详细介绍每一个动作。

蝶泳手臂动作之划水技术，包括入水、抱水、划水、推水、出水和移臂。

手臂入水阶段：手臂入水阶段是划水的准备阶段，它并不产生推进力。在蝶泳时，手臂的入水点差不多是在肩部的延长线上，两臂要同时入水。入水时，要放松，记住要压肩，手掌领先，并且与水面形成一个大约 45 度的角，接着带动小手臂和后臂依次进入水中。入水阶段，因为前臂受到外侧旋转的动作影响，掌心要逐渐由向外侧转向侧后。

手臂抱水阶段：手臂入水以后要利用手臂移动时所产生的动力使其下滑到水下一定的深度，同时手掌在向下、向侧面移动的时候，要通过伸直肩部、弯曲臂肘、上手臂内旋和手腕弯曲的动作，来配合身体的转动，并且要使手掌和前臂一起对准水并产生压迫的感觉。然后，当完成了抱水这个动作时，肘部应稍微弯曲约呈 45 度角，且手掌距离水面大约 30 厘米，同时肩也保持在较高的位置。

划水阶段：当手臂划水划到身体侧面，划水时手掌掌心冲向身体，划水至大腿。同时，蝶泳的划水动作相对来说才是推动身体向前进的动力。基本上整个动作就是屈臂后开始抱水，以肩部为中心，直线划水。

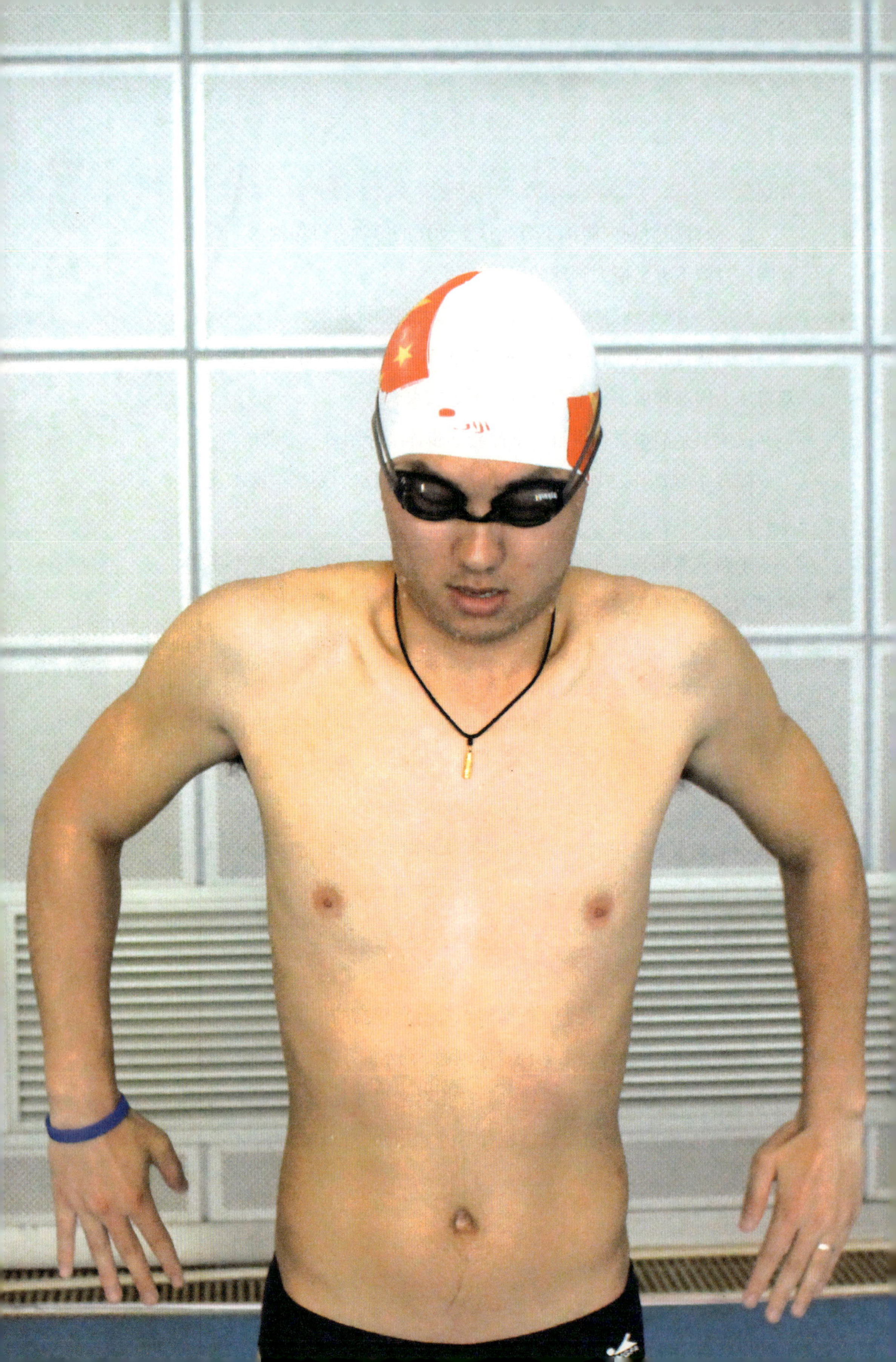

推水阶段：推水是从手臂划水过肩侧的时候进行的，这个时候手臂肘关节部位和后臂都应逐渐地向身体靠拢，同时手臂也在用力向两脚的方向进行推水。当推水快要结束的时候，小臂开始内旋然后做出转腕下压的动作，同时手掌的掌心也是从向后转为向下。而且，在推水结束之时，手臂是伸直状态的，手掌也要在大腿的侧下方。因为在推水这个工作过后，蝶泳者要借助手掌压水的反弹力量来实现迅速提臂出水动作。

出水阶段：当双臂推水到髋关节两边的时候，利用推水产生的惯性，立刻提肘出水。提肘出水动作是在推水结束前已开始。在两臂推水还没有结束的时候，两肘已开始做向上提起的动作，这时的掌心方向是向外后侧。

空中移臂阶段：当推水结束提肘出水后，两臂即由空中向前方移动，开始移臂时肘关节微微弯曲，手掌向上，肘部先于手出水，两臂放松向内压，沿着身体两侧以低平的抛物线状态前摆，开始移臂时稍微用力，利用手臂的离心力向前摆出。移臂时切记速度要快，如若不然会出现身体下沉的情况，这样对整个游泳的进程都会有影响。

以上是蝶泳手臂部分技术的介绍，平时按照这种方式在水中或者在陆地上进行练习对学会蝶泳有益处。笔者根据自身练习蝶泳的经验总结出，在专业的蝶泳练习中，手臂划水动作有直线和S形曲线划水，每一种方法都有优点和缺点：

直线划水：直线划水被大多数运动员采用，入水瞬间双臂向前伸展手掌，同时向外翻转，然后转动手掌，直到手掌心朝内曲腕抓水，此时立刻利用肩膀部位的三角肌和背阔肌两者的力量曲肘向后推水，到腰部，划水结束，提肩提肘移臂出水。直线划水的代表人物有塞尔维亚的查维奇。直线划水的优点很多，有效划距长、走水快、对技术要求不高，而且对初学者而言，较好上手。缺点是直线划水对肩关节灵活性和肩部力量要求很高，容易造成肩部损伤。

S形曲线划水：大S形曲线划水方式是现在比较流行的划水方式，入水的刹那手臂前伸，两臂夹角大概30度，然后压肩，手掌外翻，手臂借助压肩的力量自然外划，外划至将与肩平行时曲肘抱水，抱水至手掌到胸部下方时，利用三角肌和背阔肌的力量将手臂往后加速推水，推水至腰两侧，划臂结束，紧接着提肩提肘移臂出水。这种方式的优点是在手臂向前伸展和抱水阶段不同部位肌肉有适度放松，对于肩部臂力不足的人来说，这个方式比较不吃亏，对肩的损伤没有直线划水那么大；缺点是技术动作复杂，从胸部下方才开始有效划水至腰两侧结束，划距较短。

蝶泳之腿部动作技巧

腿部技术：腿部技术是蝶泳与蛙泳区别最大的地方，也是蝶泳的关键所在。美丽的蝶泳姿态离不开优雅的打水动作。下面，我们就一起来掌握蝶泳腿部动作的技巧。

蝶泳的腿法很特别，它是在蛙泳的技术上发展而来的，也是技术难度最大的。蝶泳打水时，两条腿要并拢，脚跟稍微分开成为我们常说的“内八字”，当两条腿在划完一个周期之后先向下打水，这时候两脚要处于最低点，膝关节伸直，臀部上抬至水面，髋关节屈成约160度。

然后两腿伸直向上移动，髋关节逐渐展开，臀部下沉。当两腿继续向上时，大腿开始下压，膝关节随大腿下压，动作自然弯曲，大腿继续加速向下。随着屈膝程度的增加，脚抬至接近水面时，臀

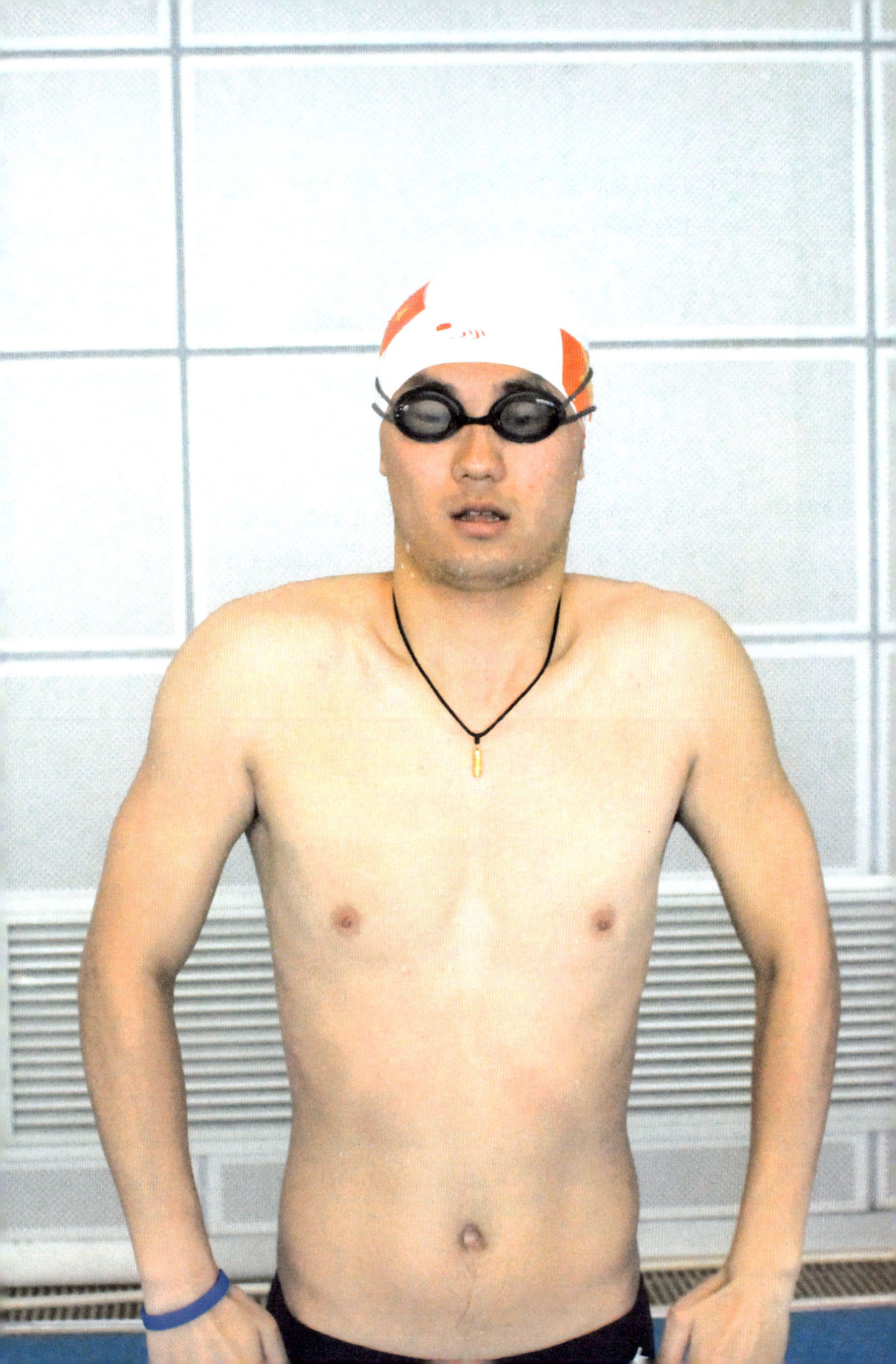

部下降到最低点，膝关节弯曲成约 110 度角到 130 度角时，脚应该向上抬直到最高点，并准确向下后方打水。当脚向下打水时，踝关节放松，脚面绷直，然后小腿随大腿加速向后下方推水。双脚继续加速向下后方打水，动作尚未结束时，大腿又开始向上移动，当膝关节完全伸直时，向下打水的动作即结束。

蝶泳腿的打水动作是由腰部发力，经过髋、膝、踝关节并与躯干、脊柱动作相协调一致配合完成的。脚的运动方向是向下和向后，其向下的幅度大于向后的幅度。腿向上抬起时，膝关节必须伸直，如果稍有弯曲，小腿的背面将产生很大的阻力。此外，向上抬腿时，不要过于用力，以便减少阻力。打腿的重点应放在向下打水动作上，腿向下打水的速度应比向上抬腿快约两倍多。

这里介绍几种比较有效的腿部练习的方法，希望能够更好地帮助大家掌握蝶泳这门泳技。

扶板蝶泳打水法：

扶板蝶泳打水法旨在练习蝶泳的躯干波浪动作。

仰卧蹬边并且漂浮着，手臂要放在体侧。从腹部开始慢慢向上部打水，然后由膝盖部位与脚部依次缓缓向上打水，因此就能够产生从腹部形成鞭状的打水动作姿势，而且头部和手臂可以有稍稍的上下起伏。

要点在于：我们要体会到每一次的腹部向上打水的时候都要达到水面上方。稍微弯曲膝盖，从髋关节用力向上打水，而不是由膝盖部分发力。

练习时可先由水下蹬离游泳池边打水，再慢慢上升到水面之上，查看水面上和水下两者之间的打水感觉有什么不一样。刚开始的时候是在做比较慢速且大幅度的、很有力的打水，接着再逐渐加速。

开始可戴脚蹼，动作熟练后可将手臂前伸成流线型打水。

垂直蝶泳打水法：

垂直蝶泳打水方法旨在体会蝶泳打水的身体动作、打水速度和打水力量。

看过海豚表演的人应该都可以想象到，当海豚直立在水面做尾鳍拨水的动作而使身体逐渐后退的情景。海豚在表演时，从逐渐后退到开始身体的快速、有力地打水，形成一个前后波浪形动作。而在做垂直蝶泳打水练习法时尽量去模仿这个动作。仰卧蹬离池壁，脚下垂，手臂要放在肢体的两侧，把头露出水面。用快速、有力的打水方式让头部和肩部保持在水面上，使身体逐渐后退。

要点在于：体会髋部迅速、大力的前后打水感觉。稍稍屈膝，由髋关节用力打水，而不是由膝盖部位发力。

练习时如果觉得有什么问题，可以先戴脚蹼，或将打水板抱在胸前帮助头浮在水面上。为提高难度，可以使双手体侧露出水面。为发展力量，可以系一个负重腰带，等到熟悉动作之后再在泳池中自由练习。

水下蝶泳打水法：

水下蝶泳打水法旨在体会蝶泳时全身能够成波浪形的运动感觉。

我们把自己想象成为一条美人鱼，正在大洋深处轻松自在地畅游着，然后戴上脚蹼，沿水面逐渐俯卧离开池壁，把手臂放于肢体的两侧，目视池底，手臂保持完全不动。收下颚，让身体慢慢潜入水中，再接着让头部先进入水中，然后慢慢地髋关节再入水，腿部最后入水。当腿部进入水中之后，立即要做一次很有力的蝶泳式打水动作，使身体要完全地没入水中，而后就在水下进行连续的打水，直到头必须出水进行换气。

要点在于：渐渐地练习身体进入水中的动作，要让自己感觉身体是慢慢“滑”到水里的，而且头部也要始终保持运动状态，目视池底的黑色泳道标志线。注意，不能目视前方，如果这样的话，身体的髋部就不可能充分地发挥力量，从而进行力量十足的打水。

练习时如果场地允许，则应横穿游泳池，每遇到泳道线时头引导身体从线下潜在水中蝶泳通过。

侧卧蝶泳打水法：

侧卧蝶泳打水旨在体会蝶泳身体的波浪动作，提高身体控制能力。

侧卧水中，下面的手臂前伸，上面的手臂在体侧。要求练习者想象自己是一条鱼，从腰部到脚尖都是鱼尾，身体像游鱼那样侧向摆动前进。每次打水四下，头略向上转动吸气，但身体不要转动。每打 25 米换一次方向。

要点在于：全身都参与波浪动作，“摆尾”的幅度可大一些，膝盖在水的压力下自然弯曲。

练习时开始可戴脚蹼，身体面对池壁所在的一侧，身体与水面垂直。

腿部动作易出现的常见问题及解决办法：

一般情况下，腿部的基本动作就是：身体要保持伸直平行，两脚并拢，胸部下压，从而带动腰部，使脚跟逐渐露出水面之后，再用弯曲的双脚向下打水。从这里面不难看出无论是大腿还是小腿，都必须维持上下波动起伏的协调性，否则就会出现下面的两个常见错误：

第一个是没有波浪动作。其实出现这个问题就是在做蝶泳动作的时候看不到腰部波浪的问题。游泳的时候总是会觉得腰部和腹部

都过于紧张，虽然在游进的时候是腰部发力，但是却并没有把力量过渡到腿上。改正的主要方法是：腰部的力量要实现过渡。其实简单来说也就是要看到臀部的起伏。

第二个是用小腿来打水。很多的游泳者在初学时练习打水很用力，但是速度确实很慢。其实这是因为大腿没能够带动小腿，而只是小腿在僵硬地打水。这样的话，腰部和腹部就没有参与动作，膝关节也是过分地弯曲，自然打水的效果就不是很明显。改正的主要方法是：上身下压，要从胸部下压开始慢慢发力，腰部也要像波浪一样动起来，这样就可以带动打水，体会力量的转移。

蝶泳之呼吸技巧

蝶泳是相当耗费体力和能量的运动，是四种游泳技巧之中对身体素质要求最高的泳技。呼吸之法，是蝶泳成败的关键。学会呼吸，对完美的蝶泳技术来说是如虎添翼。

蝶泳的呼吸是借助于两臂划水的后部推水动作，同时需后部肌肉大幅度伸展，使头抬至口露出水面时吸气。吸气的速度要快，头必须在臂入水前回到原来的位置，慢呼气或者稍憋气后呼气。

蝶泳的呼吸一般是一次划水一次呼吸，但是为了加快游进的速度，也可采用两次以上的划水动作之后，再做一次呼吸的技术。蝶泳呼吸一般采用臂划水一次，呼吸一次的配合技术。现在，许多运动员都采用晚呼吸技术。而初学者较多采用早呼吸的方法。

晚呼吸配合：在划水阶段的后半部分开始。在划水阶段的最重要阶段就要开始抬头，肩膀部分抬高，手臂在越过身体的垂直线推水时，脸部出水面，开始呼吸。吸气动作持续到双臂推水和开始空

中移臂动作时结束，并开始低头入水，颈部弯曲向前移臂。这种呼吸的优势在于身体在高位时呼吸，身体保证在水平面上，这样就减少了阻力。

早呼吸配合：早吸气时在划水阶段动作开始后的前三分之一阶段就开始吸气，运动员通过手划水的力量将头抬起来吸气。这种方法较为简单，适合初学者使用。举世闻名的游泳名将菲尔普斯的呼吸法一直为人称道，许多人争相研究和仿效。菲尔普斯除了入水后和每一次的转身蹬壁第一次划水不呼吸外，其他在行进过程中，他都保持着一划一呼吸的节奏和频率。而他的这点与众不同，正是他蝶泳世界第一的原因之一。

他这种一划一呼吸的方式有诸多优点：

1. 呼吸的节奏直接影响划水效率，一划一呼吸很好地保证了呼吸的节奏，使蝶泳时动作更加连贯。

2. 每次呼吸让每次的动作都一样，这样就使得每次的划水效果都很平均。头先于手，头在手出水之前抬起，然后在移臂结束之前入水。抬头呼吸时间越长，越容易破坏身体平衡，影响划水和打腿的时机。

3. 每次抬头呼吸有利于双腿打水。游泳者的身体在蝶泳中呈波浪形，抬头时双腿下压，低头入水时，双腿上踢，由此产生动作的节奏。

手臂、腿和呼吸的配合

要完成完美的蝶泳动作，就要将手臂、腿和呼吸协调配合得没有丝毫缺陷。

手臂和呼吸的配合是两臂划水结束后进入推水阶段时，借助推水时的惯性抬头使嘴露出水面吸气。蝶泳手臂、腿部、呼吸的配合

最完美的体现是一次手臂动作，两次腿的动作，呼吸一次。可是在练习的时候，可能也会遇到手臂、腿配合再做一次呼吸的技术，这也就是说两次手臂动作和腿部动作配合一次呼吸动作。两次打腿的力量一般情况下是第一次打腿轻，第二次打腿重，这两次打腿是要有所区别的。完美的手臂、腿和呼吸配合技术是两臂入水时做第一次向下打腿，手臂抱水时腿向上，当两只手臂划到腹部下方时，就要开始做第二次向下打水的动作，这个时候要抬头吸气。

小贴士

推水动作结束时打腿动作也应该结束，空中移臂时腿又向上准备做下一个的打腿动作，空中移臂的前半个阶段，头部应该还处在水面上的状态。

2+2+2 练习

这种配合动作练习旨在培养蝶泳者向完整蝶泳动作的转换，使其在向前游进时把注意力集中在躯干的动作上。在练习时，要注意练习者的身体是俯卧在水面之上的，而且一定要连续地、严格地按照划水、吸气、下潜、打水的顺序做动作。首先，用单臂做两次动作，其次再让另一只手臂做两次动作，最后的时候双臂要同时做动作两次，然后在学会之后重复多次的练习，尽量保证每划 2 次动作可以吸 1 次气。两臂同时划水时向前吸气，单臂划水时向划水手臂的一侧吸气。每次下潜时将拇指短暂相扣到打水完成。需要注意的动作要领是：保持动作的节奏：划水、吸气、下潜、打水。移臂结束的时候要目视游泳池底，臀部也要升高。

小贴士

试着去控制自己的进度，要用自己最慢的速度来练习，但是要保证动作的尽可能流畅。

逐步减少打水次数的配合练习：

这是一个过渡练习，目的是用来减低蝶泳配合的难度，可以帮助初学者能够逐渐地掌握正确的臂部动作配合。动作的特点就是：两臂主动前伸使其成流线型俯卧的姿势，打水三次，然后在第四次打水的时候，要使划水动作和吸气动作相互配合进行。简单点说也就是让配合的节奏放慢速度，节奏降低，每划水一次需要配合四次打水。待熟练以后，可以逐渐提升到划水一次配合三次打水，直至最后的划水一次配合两次打水。练习时需要注意的是：在缓缓把空气吸入腹中之后要目视着游泳池池底，而且臀部要上移出水面，而且每次要将拇指短暂相扣直到打水完成之后才分开。

小贴士

蝶泳在这一配合动作中的抬头吸气动作与蛙泳的吸气动作近似。所以在练习的时候应该强调吸气时下额要注意前伸，而且一定不要过分抬高上半身的肢体。这样是一个错误的姿势，属于犯规。同时还应该强调在空中移臂时头的后脑勺要先碰触水面，其次是手臂入水。呼吸的动作应该早于臂部动作，两者相互结合来练习，这样才可以掌握正确的呼吸时机与节奏，从而更好地学习蝶泳。

蝶泳之头部动作

很多练习蝶泳的朋友头部入水后会有水进入鼻腔，感觉鼻子很辣，十分不舒服。这里要告诉大家，完全没有水进入鼻腔是专业运动员也很难做到的。但是可以尽量减少进入鼻腔的水量，要保证入水时头部微含，收紧下巴的感觉。不要昂着头入水，而是低头入水。

游泳时，头部动作和上体动作分不开。那么讲解头部动作就与上体动作连在一起。

蝶泳上体和头部的预备姿势：上体和头部几乎是呈水平状态俯卧在水中；脸部没入水中；双腿自然伸直并拢，肌肉放松；两臂顺着运动方向向前伸直，两臂间的距离与肩同宽。

蝶泳动作之弓背

其实蝶泳本身并不过分强调弓背的动作，弓背在蛙泳技术里强调得比较多。对于十分业余的我们来说“弓背”是一种专业术语。所谓的弓背，就是指压胸，弓背动作与身体波浪有复杂的关联。其实对于蝶泳中身体波浪的学习方法，很多人都有自己的研习方法。笔者以前看到一个比较有才的学习方法，是利用舞蹈中的方法进行练习。下面将这种动作介绍一下：

首先，我们要把躯干分成几个部分：肩部、胸部、上腹、下腹、胯部。

然后做好预备动作：先对着墙站着，离墙大约 20 厘米，两脚打开比肩部宽一点点，膝盖微微弯曲，记住要放松，不能够用力，双手轻轻地伏在胸部两边的墙上，离得远一点，不要妨碍上身运动。

准备动作做好了之后，就可以正式开始了：

1. 胸部向前挺，贴住墙面。此时躯干只有胸部贴住墙面，肩部、上腹、下腹、胯部都离开墙面，为达到这一效果，必须塌腰翘臀。

2. 胸部贴住墙面往上蹭，往上蹭的途中有且只有胸部保持贴墙，肩部、上腹、下腹、胯部仍然离开墙面。

3. 胸部不能继续贴住墙面往上蹭的时候，主动往后仰，离开墙面。这一动作迫使上腹向前贴住墙面。

4. 上腹贴住墙面往上蹭，不能再继续的时候主动后仰，于是下腹贴住墙面。

5. 下腹贴住墙面往上蹭，不能再继续的时候主动后仰，于是胯部贴住墙面。

其实在胯部贴住墙面的时候，此时躯干的波浪已完成，含胸弓背，预备下一个波浪的胸部向前挺贴住墙面。简单地说，波浪就是躯干部的胸部、上腹、下腹、胯部轮流做“向前、向上、向后”的运动。

友情提示：

1. 距离墙的距离20厘米只是个大概，自己在实践的时候注意控制身体与墙壁的距离，身体柔韧性不好的可以再离近点，身体柔韧性好的或者是练习了比较长的一段时间之后可以加大距离。

2. 一定不能做快，越慢越好。

3. “向前、向上、向后”一定要有向上这个意识，不管能向上距离多短，有一点是一点，很多人贴住墙面后就直接往后拉，那样没有一点意义。

4. 有人会问了，为什么不讲腿的波浪呢？那是因为当你胯部向前贴住墙面时，其实已经有带动大腿的意思了，胯带动大腿，大腿带动小腿，打腿完成。

其实这也是一种陆地的练习方法，每个人在学会了蝶泳之后都会总结出自己的一套方法，这么多的选择，总会有一套方法是适合你的。

看完了身体各个部位的技巧，是不是觉得原来蝶泳这么有难度。前面已经介绍了蝶泳的技巧和练习方法，为了最大限度地为大家解释所有的疑问，下面就一些常见的问题进行解答，希望能让大家更明白蝶泳中的各种问题。

问题一：我练习蝶泳已经有一段时间了，但还总觉得自己前进的速度慢，我觉得水下的动作应该没有错，可以明显感觉到自己是腰部发力，但是速度就是提不上来。

解答：蝶泳速度慢的问题可能出现在以下几个方面：（1）腰部动作不对；虽然你感觉到自己腰部发力，但是在腰部发力之后，腰部力量要过渡到腿上，只有这样，打腿才有力量，只有打腿有力量，才会有推动力，速度才会快起来。（2）腿部动作不到位；腰部发力，可是打腿在水下，受到的阻力会扩大，效果也不是很好。

问题二：请问我游蝶泳时屁股出不了水面，大腿好像使不上力，全靠两腿屈膝后打，没有鞭腿的感觉，该怎么改进?

解答：出现你说的这种问题原因可能在于没有找到腰的感觉。蝶泳的发力点是从胸部过渡到腰部，腰部再过渡到臀部和腿部。从胸部下压开始发力，腰部带动腿部像波浪一样动起来，仅仅是靠腿部力量打腿，而不是靠腰部来带动，这样整个身体很难协调地动起来形成波浪，屁股自然出不了水。

问题三：我是个蝶泳初学者，在学习过程中，发现我扑不起来，还有就是打腿时很吃力。

解答：打腿很吃力，说明腰部没有动起来。建议初学者首先练

习扶板打水，找到腰的感觉后再加上手臂动作。

问题四：手臂出水幅度不够，手几乎是贴着水面滑过去，怎样改进？

解答：手臂贴近水面滑过，说明移臂的时候转肩动作没有到位。在练习的时候可以加强对单臂划水的练习。在移臂出水的时候要注意加强打水的力度，这样就可以增加移臂出水的力量。

问题五：怎样不使用手扶板去练习蝶泳腿部动作？

解答：除了利用扶板打水，还有很多方法能够练习蝶泳腿法。推荐的方法是采用海豚式。海豚式的发力主要是来自胸部，而不是腹部。在胸部下压时，身体也会有节奏地相应动起来，使整个身体就像是一个波浪。海豚式主要练习的是蝶泳腰部怎样发力，是练习蝶泳腿法的方法之一。

问题六：蝶泳的时候，腿部总是习惯性地像蛙泳的样子蹬开，没办法像海豚一样地并拢打水，怎样利用一些方法来纠正一下打腿的姿势？

解答：如果双腿是蹬开，而不是同时打水，说明腰部的发力有问题。在蝶泳体线中，踢腿始终保持在身体纵向轴上，双脚并拢且脚尖绷直。

问题七：蝶泳时，空中移臂后双手入水时需不需要停顿一下（即保持双手向前的动作在水中漂一两秒后再划水），还是像自由泳那样入水就开始划水？

解答：一般来说，二次打腿的话，双手入水即开始下一次动作，动作的分界在于腿部动作的完成，如果动作停顿，更像是蛙泳的漂浮前伸。

问题八：蝶泳的两次打水，动作完全一样吗？哪一次重？哪一次轻?

解答：连贯均匀的蝶泳打腿是蝶泳动作的基本动作要求，如果掌握住打腿的节奏，那么就不会觉得这两次打腿有轻重的区别。

问题九：蝶泳手入水时，是否有向两边推水动作？看别人游的时候总感觉空中移臂后半段就开始打腿了。

解答:是的,这种推水动作是手臂入水后向后划水过程中完成的。在手臂入水的同时腿部屈膝，所以划臂和打腿是同时进行的。

蝶泳速成法

有人问，在练习蝶泳的各种方法中，有没有比较快捷的方法?其实，就蝶泳来说，的确是有速成法的，只要掌握了蝶泳的技巧，那么速成不是问题。

蝶泳与蛙泳的渊源甚深，两者之间有着密不可分的关系。甚至就有人这么解释两者之间的关系：若是已经学会了蛙泳，那么就不难掌握蝶泳技术。学习蝶泳，可以根据蛙泳的演变过程来研究，这样可以达到事半功倍的效果。

蝶泳是蛙泳的演变体，蝶泳进化的部分在于：

蝶泳将蛙泳臂部动作中的水中伸臂进化为空中移臂；

蝶泳将蛙泳腿部动作中的两腿蹬夹水改为腰部以下和腿部的鞭状打水，身体以波浪形鞭状打水产生的连贯性动作游进。

所以在练习时可先把蝶泳的伸臂改变成为空中移臂。腿部动作仍用蛙泳的蹬夹腿。等学会了空中移臂配合好蛙泳蹬夹腿之后，我们再把两腿相继合拢，逐渐把蹬夹腿变成上下鞭状的打水，继而身体来配合腿部进行打水做波浪形运动，这样就可以完成整个蝶泳的动作。

下面一起来看一下蝶泳的速成法，看能不能帮到大家快速学习蝶泳。

在蛙泳技术基础之上，俯卧在水中，两臂前伸不动，腿连续做两次蛙泳蹬水动作。停一会儿，让身体向前滑行一段时间后，再做两次蛙泳的蹬夹腿动作，像这样反复多练习几次。我们要注意的是：在练习中，手臂始终要保持在水中前伸不动。

腿部在第二次蹬夹水结束时，手臂再次有力地由外朝内划水，一直要划到两侧的骶髂关节处，在推水动作结束后做空中移臂动作。双臂移动持续到双臂从头前面入水之后。划水、推水和空中移臂这几个动作必须连贯，中间不能有停顿的现象。我们要注意的是：两臂做空中移臂动作后，要保持前伸的状态，但是不用连续地划水，不然会引起下一个空中移臂动作时出水困难。

在两臂入水之后要始终处于前伸不动的一种状态，然后两腿再连续做两次蝶泳的蹬夹水动作。

反复练习以上的动作，做到手臂和腿部动作协调，在空中移臂开始时抬头呼吸，手臂入水后埋头在水中平稳呼吸。

最后一个步骤，当然就是把蛙泳中两腿的蹬夹动作改为蝶泳的上下打水，并逐渐使两腿并拢。

在两腿并拢之后要做上下打水的动作，然后慢慢地体会用腰部发力的感觉，再用大腿来带动小腿呈鞭状打水，同时，随着臂部、腿部的相互协调配合，要让整个身体呈自然的波浪形状来摆动。

以上就是已经掌握蛙泳技术的人学习蝶泳的速成法，若是按照这个方法学习，应该游一两次就可以掌握蝶泳技术，但是要练好蝶泳还是需要不断地精进自己的技术，毕竟蛙泳的腿法上升到蝶泳的腿法，这还是需要很多努力才可以成功的。

蝶泳的练习方法

速成法对有蛙泳基础的人很有效，那么没有蛙泳基础的人该如何练习呢？其实道理很简单，一步一个脚印才能更好地掌握蝶泳这门泳技。这个练习过程可能会让你比速成练习的人有更加优美的姿态呢。

❖ 陆上打水练习

陆上练习是为了熟练动作，好在下水时得心应手。这个练习旨在体会蝶泳躯干波浪动作。

从游泳池的边缘，手放在臀部。为了确保整个运动正确的背部姿势，以避免弓背弓肩，始终直视前方。保持背部和腿部伸直，臀部向后移动，胸部向前移动，这种感觉应该是好像站在水龙头前准备探身喝水。在保持身体平衡的情况下臀部应该尽可能地向后方移动。臀部回到直立的姿势，再向前，膝盖微微弯曲，使背部轻微反弓，然后返回到直立位置。

熟悉和适应这些动作之后，试着将每个动作都连接起来做一遍。臀部运动要尽量保持最大振幅。

本练习的要领在于，保持脖子部位灵活性，眼睛总是向前看。髋关节向前同时收下颌，背部始终保持微微的反弓状态。髋来回移动时的范围尽可能大，然后加大振幅来回移动，髋关节移动时速度降低。

❖ 反蝶泳打水练习

本练习旨在练习蝶泳的身体波浪动作的方法。穿着脚蹼，仰卧

蹬池边并且漂浮，手臂应该放在体侧，从腹部开始向上打开膝盖部分和脚部依次向上打水，从而开始了从腹部鞭状打水动作。头部和手部轻微上下起起落落。记住，一只手触壁，另一只手伸出来保护头部。

此练习的要点在于，腹部向上打水的时候都要露出水面。膝盖微微弯曲，借助髋关节的力量向上打水，而不是从膝盖处发力。

主要看腹部的线条，如同长鞭一样。从水下蹬离池壁打水开始，然后逐渐上升到表面，看看表面和水下打水是否有一样的感觉。开始练习时可以慢慢地、大幅度有力地打水，然后逐渐加快。

❖ 流线型反蝶泳打水

本练习旨在练习蝶泳躯干波浪的动作。

1. 穿上脚蹼，仰卧蹬池边并且漂浮，手臂前伸成流线型。

2. 从腹部开始向上打水，然后膝盖和脚依次向上打水。

这种练习方法和上面提到的反蝶泳练习有相似之处。

这种练习方法的要点在于，腹部在每次打水的时候都要露出水面。膝盖微微弯曲，从髋关节处发出力气向上打水，而不是从膝盖处发力。

从水下蹬离池壁打水时，然后逐渐上升到表面，感受一下在水面和水下的感觉是不是一样。开始的时候可以慢速，大幅度有力地打水，然后逐渐加快。当速度加快之后打水的幅度变小，频率速度加快。

❖ 陆上划水练习

本练习旨在学习正确的蝶泳臂部运动，尤其是移臂和入水动作。

蝶泳移臂时动作中最常见的错误是“拥抱”移臂，那就是移臂时竖起大拇指，掌心向前，好像是与他人拥抱的动作。这个练习就是为了避免这个错误。

方法如下：

1. 腰部稍微向前弯曲,双手放在膝盖上。手臂上举,使手背向内。

2. 双臂同时向外分离,距离大约是肩膀的两倍宽。肘部略微弯曲，手内旋，手臂向后方划水越过臀部。

3. 手臂继续向后划水直到伸得非常直，手心向上，然后两只手之间的距离尽可能接近。

4. 开始空中移臂动作时,先放松手腕并旋转手臂,拇指朝向后方。

5. 将手肘伸直的姿势和手臂伸直的姿势保持到向前移臂到肩膀处为止，直到一个周期动作完成。

本练习的要点在于，在划水阶段要努力保持手腕部分的力度，手腕要直。划水结束时手掌心是向上的。移臂时手腕放松。手腕领先移臂动作，拇指向后。建议使用较慢的速度练习，也可尝试在浅水池中练习。

❖ 海豚式打腿和移臂练习

本练习旨在以躯干动作为基础加上手臂动作。

练习方法：

戴上脚蹼。除了在呼吸时再加上一次划水动作以外，练习方法与上一个练习方法基本相同。动作顺序为划水、吸气、下潜、打水。

当两臂划水时，躯干就会上升，升到最高的位置时吸气。当划水动作结束，空中移臂时，头部开始以前额领先回到水中。开始下潜时，手臂要返回前伸的位置，头部淹没在水中，两个拇指相扣。

应保证臀部升高。水下打水时应该看着池底。

本练习的要点在于，要记住操作顺序：划水，吸气，下潜，打水。

需要注意的是，在做这个练习时，要想有趣味性就可以横穿游泳池，从泳道线上隔次穿过。当到达泳道线时开始划水，不要接触泳道线，而是从上面穿越过去。身体与泳道线的接触当然越少越好。为了增加难度，做这个练习时，身体不要潜入水中，每次打水时将臀部移动到一个较高的位置。

❖ 单臂蝶泳练习

本练习旨在将水下躯干动作转化为水面上的波浪动作，并逐步掌握与手臂动作的协调配合。

练习方法：

戴脚蹼。一只胳膊向前伸，另一只胳膊用来划水。

身体俯卧在水面上，不断按以下顺序做练习：划水、呼吸、下潜、打水。吸气时与划水的那一只手臂保持同一个方向。每个下潜时短时间地将拇指环环相扣，直到打水完成为止。放松自己，可以很慢地练习。下潜时看向池底，吸气时，臀部要提高到一定的位置。另一只手臂重复相同的动作。

本练习的要点在于有节奏的动作：划水、吸气、下潜、打水。吸气时眼睛看着池底，臀部要移出水面。每次都要将拇指短暂相扣，直到打水动作完成。

需要注意的是，开始练习时最好每次换一次手臂，然后每四个动作换一次。

❖ 完整蝶泳练习

本练习旨在继续进行向完整蝶泳动作转换，集中注意躯干动作。

练习方法：

1. 戴脚蹼。这次的练习将“单臂蝶泳”和“海豚式打腿和移臂”结合起来进行练习。

2. 身体俯卧在水面上，连续地做以下动作：划水、呼吸、下潜、打水。

3. 首先用一只胳膊做两次动作，换另一只胳膊做两次动作，然后双臂一起做两次动作，然后继续重复练习。

4. 试着划水两次吸气一次。双臂同时划水向前吸气，单臂划水的时候吸气时要将头转到划水的那只手臂的方向。每次下潜的时候拇指都要短时间地相扣，直到打水动作完成为止。

5. 放松自己，以较慢的速度进行练习。当手臂已到头部前方的位置时臀部要提高到一定的位置。

此项练习的要点在于，保持动作的连贯性和节奏：划水、吸气、下潜、打水。移臂动作结束时目光还是投放在池底，臀部升高。每一次的拇指相扣时间不要太久，打水动作完成即可。友情提示：要尽量控制自己以最慢的速度练习，但是动作还是要保持连贯流畅。

完整的蝶泳动作如此优美，它要靠一步一步地练习。

❖ 有滑行的蝶泳练习

本项练习旨在完成蝶泳动作的转换，注意力仍然集中在躯干动作上。

YINGFA

练习方法：

1. 戴脚蹼。这个练习，只要去除上个练习中的单臂划水动作，只做双臂划水动作就好。身体俯卧在水面上，并按以下顺序连续动作：划水、呼吸、下潜、打水。

2. 试着每划两次吸气一次，每次做下潜动作时大拇指短时间地相扣。放松自己，用较慢的速度练习。当双臂移动到头部前方的位置时臀部抬高。

3. 当力量增强后，您可以使用下面这个简单的节奏：入水、打水、手入水时腿向下打水。入水和打水的节奏很连贯。

此项练习的要点在于，注意保持运动节奏：划水、呼吸、下潜、打水，最后变换为入水、打水的简单节奏。每次吸气之后目光向下，每次动作都要注意使臀部升高。每一次的拇指相扣时间短暂，直到打水动作完成为止。

友情提示：做此练习时的感觉应该是舒适放松的，让正确的技术融入整个身体，然后释放出来。你会发现，当你的速度加快之后自然会第二次打腿，但是当你做这个练习时，不必考虑第二次打水。对于大多数人来说，第二次打水轻，起到了平衡动作节奏的作用。有些人第二次打水也很重，但在开始时最好是把重点放在动作的连贯性和流畅性上。

❖ 起游

此练习旨在掌握蝶泳出发和转身后的起游技术。

练习时，许多人会犯的错误是身体不能保证流线型和水下打水时的距离不够。

练习的要点在于：

1. 蹬离池壁时身体成流线型，这个时候要做的就是控制好深度。

2. 身体成流线型后完全伸展开来，就立刻开始蝶泳打水，记住节奏要快。

3. 在做划水动作之前至少要做三次或者四次打水动作。

4. 控制身体在水中的深度，身体刚好在第一次划水动作之后露出水面。开始时的两次或者三次划水动作时不要抬头吸气。

友情提示：身体要保持很好的流线型，打水的速度要快。

主要看蹬离池壁后的那一瞬间，身体立刻成了流线型。

❖ 到边

此练习旨在掌握正确的蝶泳到边触壁技术。

练习时，许多人在游近池壁时常常犯的错误是减少动作的幅度，增加动作的次数。更好的方法是使用数量较少的动作次数和进行有力的打水动作，并保持流线型姿势到边。

在距离池边 10 ～ 12 码处就开始全速前进，当你到达标志线时，尽可能减少动作的次数到边，并且不要吸气。当最后一次划水动作后，手臂要完全向前伸展成流线型，这时候要打海豚腿到边。即将到边时要低头成流线型，手指的指尖要在水下触壁。

练习要点在于，两只手要同时触壁，如果还不能马上触壁，则打水前进，使手触壁。从水中触壁时，还是要减少动作次数到边。

友情提示：如果你必须要打水才能触壁的话就用最快的速度打水到边。

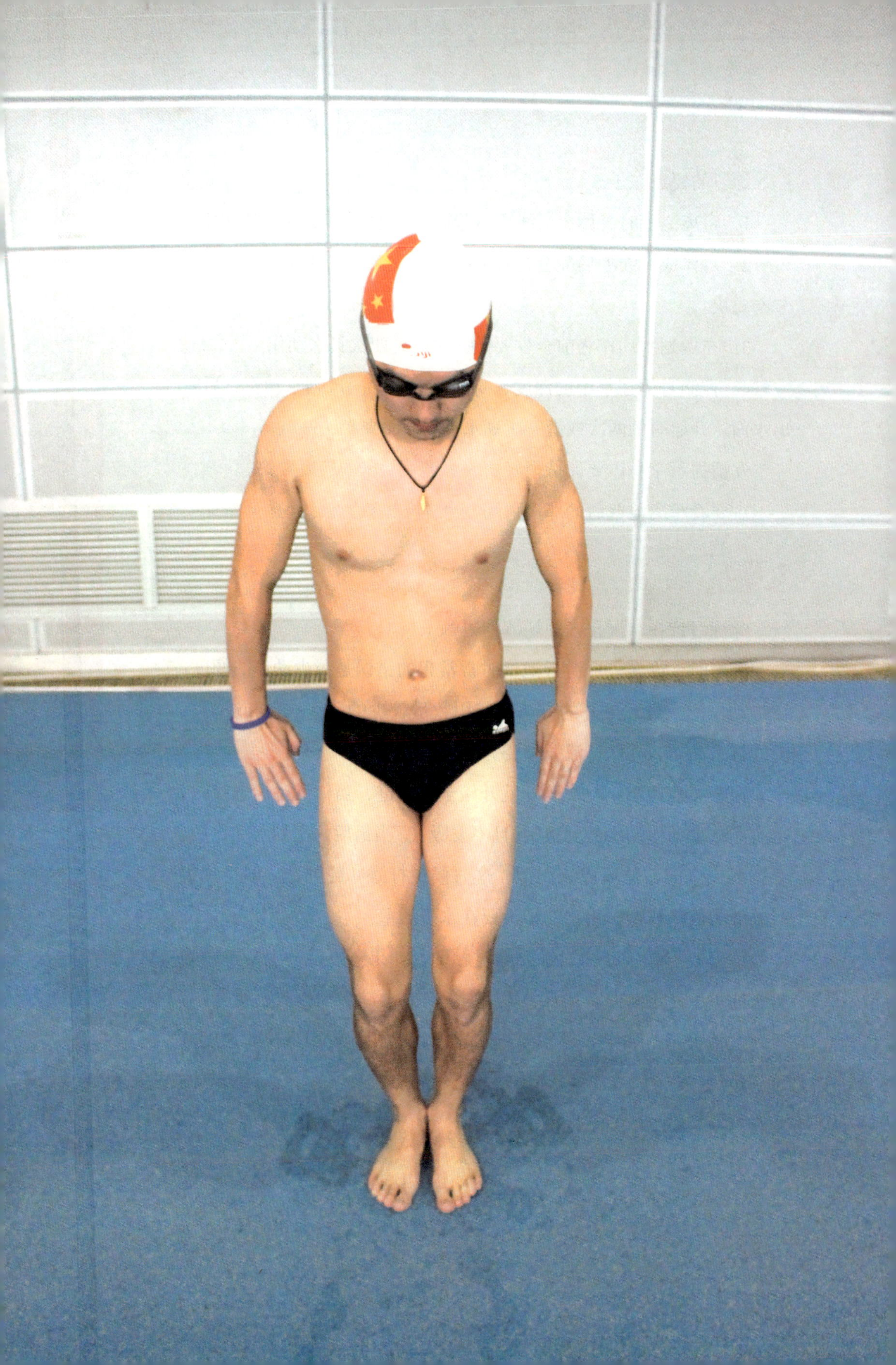

❖ 转身

此练习旨在掌握正确的蝶泳转身技术。

练习要结合三个步骤：游近池壁，转身，起游。

1. 在距离池壁 10 ～ 12 码的地方开始，以蝶泳方式全速靠近池壁。

2. 与终点触壁不一样的是转身触壁的时候两只手相互靠近。

3. 转身时，要记得动作顺序：触壁，转动，水下移动一只手臂，摆动另一只手臂，蹬壁。

4. 身体保持流线型姿势开始起游动作。

练习要点在于，转身时头要保持在较低的位置。做第一次划水动作确保肩部成水平姿势。另外，保持飞快的转身在比赛中也至关重要。

友情提示：触壁时要用最快的速度收回腿，这样可以加快转身速度。

❖ 出发

此练习旨在在台上出发技术的基础上加上蝶泳起游。

1. 弯腰进入准备位置，在平衡的临界点保持稳定。

2. 出发信号发出后，蹬离起跳台，腾空入水。

3. 入水后打蝶泳腿并且用上面的方法做起游动作。

4. 身体升到水面，做两次或者三次划水动作，不要吸气。

此练习的要点在于，进入水中时，身体要保持良好的流线型，开始的两次或者三次划水动作就不要吸气。出发的动作看似简单却不简单，正确的动作能让人在出发时就胜对手一筹。

友情提示：入水后立刻开始用海豚腿打水。

逐步增加游距

专业人士说，增加游距应该慢慢来。游得远的人并不是一蹴而就的，而是靠一步一步来累积增加的。增加蝶泳长游距离应该注意以下几个方面：

有些人士盲目地追求游距，反而忽视了蝶泳的本质。增加游距也要在保证正确动作的前提下。如果不能够以规范的节奏动作来完成游距，就会破坏蝶泳动作的合理性，从而发生技术结构上的错误，引起犯规。而且无论是国内还是国外的游泳教练都认为，蝶泳在练习时，距离不宜过长，最好在25米的短池中进行练习，这样有利于蝶泳者能够保持正确的姿势、技术动作以及完美的动作节奏。从这里可以得出的经验是，增加蝶泳游泳距离的最好办法其实就是进行分段练习法，也就是说在蝶泳的时候要把目标距离分成几个较短的距离，然后用分段的形式来逐渐完成，并且在前进的过程中速度是依次提高的。

怎么给蝶泳带来美感

蝶泳是一项带有观赏性的运动，速度、波浪、力量、节奏都是使它极具魅力的因素。

速度，无论你用什么泳姿，如果你的速度能够达到每秒两米，都会给人惊艳的感觉。当然啦，很多业余爱好者是很难达到这个程度的，但是如果你的蝶泳能带给别人速度的视觉冲击，那就一定也能带给别人很多美的享受。蝶泳进步于蛙泳的地方其中一个方面就是，蝶泳在速度上比蛙泳要快，若是没有速度上的优势，蝶泳就好

像只是一项简单的没有激情的表演。

波浪，蝶泳时的波浪，柔软的线条，打出美丽的水花，怎么能不给人美感？从海豚游泳的动作里，我们都能体会到优雅的美感。蝶泳的波浪形动作，是蝶泳技术的精髓之一。所以，只要我们能突出波浪形的动作，就能使蝶泳更有美感。怎么样才可以使波浪充满美感呢？

头部不能在吸气的时候过于上扬，因为这样会影响到波浪的感官效果，并且在技术上，也会造成身体其他部分下沉，增加阻力。同样，当头不能够先于手臂而进入水中，那么仰头的时间就会过长，从而也会影响感官效果。这都是初学者最易忽略的问题。在蝶泳的时候，初学者总是会把精力集中在争取呼吸上，而忘记了其头部的姿势已经过高，从而破坏了其波浪的外形。

注意到背部才是波浪运动最主要的承载体。比赛时，观众所能够看到的且很清楚地看到就只有蝶泳者身体部位，也就是背部。如果头部处理得当，双臂也充分前伸，那么背部就能够展现出一定的弧度。事实上，这个弧度会有一点视觉上的错觉，其实蝶泳的技术本身并不是强调弓背。此外，我们在欣赏高水平的蝶泳比赛时，总会发现“有弧度”的背部可能会迅速地消失在水中。这其实就是“压胸”，就是靠着水下挺胸动作形成的。

臀部延续头部和背部的波浪，臀部也是一个可以明显展示波浪较为关键的部位。当背部入水之后，慢慢翘起的臀部也是能够延续波浪形的视觉效果。但是当这个环节出现缺陷，就会非常影响整体的波浪外观，从而破坏了全局的美感。所以，在适当的时候提臀是很重要的。

伸直的腿，绷直的脚尖，也能带给人美感，而弯曲的膝盖和一

些随意的脚踝动作则是影响美观的。在标准的蝶泳动作中第二次打腿是由臀部来带动大腿，继而大腿带动小腿，使腿部整体呈现上扬状态。而观众们在水面上能够很清晰地观察到的就只有腿在绷直时候的状态，所以若是膝盖弯曲的话，那么腿部已经下沉，水面上也就观察不到了。最好的状态就是将腿伸直，脚尖绷直，给人一种紧绷感，腿部的线条明显，给人以美感。还有大家在看视频的时候，可以清楚地看到运动员在水下游泳的动作状态。有些运动员在蝶泳时，双腿没有完全并拢，使整个观赏性也降低了很多。这个时候很多人都会想到蝶泳健将菲尔普斯，他在蝶泳的时候，不管是在水下还是水面上，整个状态都非常好，即使在水中，他的双腿都紧绷并拢脚尖绷直。他的泳姿无懈可击！

力量本身就可以给人美的体验。人类似乎天生就会发自内心地欣赏力量强的人。力量是一个无形的东西，就算有，没有一个载体，也是看不见摸不到的。可是，当我们看到一个人身上肌肉发达的时候，就会先入为主地认为这个人一定很有力量。可以说，一个人的手臂是展示力量的一个很好的承载体。而蝶泳恰恰是在空中非常显眼地展示手臂的泳姿，毫不吝惜地展示出手臂的力量感，所以，一般人都会认为会蝶泳的人都是强有力的。蝶泳的空中移臂是很需要臂力的一个环节，也是可以供游泳选手各自发挥的一个环节，对比每个人可以按自己的理解和自身条件做出诠释。但是在空中移臂的动作中还是有一些基本的东西来保证美感，最好是不要做出改变。移臂时应该清晰干净，决不拖泥带水，要迅速而勇猛。若是手臂出水和入水都很勉强而不充分，既对本身速度产生极大影响，也给旁观者带来强烈的勉强感和手臂无力的印象。所以，对于蝶泳爱好者来说，手臂的力量到了，那么蝶泳的美感也就完美了许多。

节奏，蝶泳是一个相当注重节奏的运动，不要以为只有舞蹈才注重节奏，蝶泳节奏的控制是提高速度的助力器。均匀的节奏给人一种韵律感，而且节奏的本身是带给人美感的，所以在保证一定的划水效率之时，在视觉上也给人展示的是一种从容不迫的感觉。因此往往就更加能够强化波浪的运动轨迹以及移臂动作所能够带来的视觉冲击效果。不知道大家有没有这样的感觉，如果说动作过于频繁的话，即使运动员的速度有所提高，带给人也是一种忙乱的感觉，动作本身的美也让人没有时间辨别，这反而影响了蝶泳整体的观赏性。故而，蝶泳的动作周期要时长时短，从技术的层面上来讲这样会造成阻力的增加，同样也影响蝶泳的观赏性。

蝶泳的美，美得有技术，美得有力量，姿势与力量的结合才是完美。

说到美感，很多人不禁想起了泳衣，穿得美美的游起来自然会更吸引人的眼球。不同的人适合不同的泳衣、泳帽和游泳镜。选择合适的装备会让蝶泳变得更畅快。如果说动作是蝶泳的“内在美”，装备就是蝶泳的“外在美”，最美的蝶泳一定要内外兼修。

男士一般选择一条泳裤，泳衣的选择主要是针对女性，而且是非专业的练习蝶泳的女性。

女式泳衣款式分几类：小裙式、连体式、分体式、三点式。

小裙式，顾名思义穿起来肯定像个小连衣裙，比较俏皮可爱。它是最保守的款式，较短的小裙式泳衣，裙子只是腰部的一个摆设，下身类似分体式泳衣；较长的小裙式泳衣裙子下摆能遮住臀部，它又可以细分为裙内带内裤和不带内裤两种。国内传统款一般带内裤，这种泳衣深受极端保守女性的喜爱，国外时尚款一般不带内裤，这种泳衣被前卫大胆的女性所青睐。

连体式就是最普通的老式泳衣，为传统保守女性的第一选择。一般分体式泳衣可分为高角和平角两种，高角的腰部开衩较高，穿起来显得腿部修长，身体挺拔；平角的则腰部开衩较低，可避免臀部暴露过多，穿起来显得比较稳重保守。

分体式泳衣被称为“保守版的三点式泳衣”，它由三点式演化而来，比三点式包裹面积更大，适合一些不是十分前卫的女性。如果你想秀秀纤腰，分体式泳衣绝对是个不错的选择，但如果是腰部赘肉过多的女性就不要选择分体式泳衣了。

三点式即比基尼，包裹面积小，对身材要求高，穿上也显得很性感，是前卫开放女性的首选。

泳帽可保护头部体温散失，另外可防止头发掉落阻塞泳池的排水系统。也能减少游泳时头部的阻力。泳镜，可在水中视物，增加安全感，另一方面可防止眼疾感染。近视者也有近视泳镜可以选购，一般来说选择上以真实的度数减去 50 度即可，例如，500 度的人，只要购买 450 度的泳镜就可以了。近视泳镜通常以每 50 度为一单位，如 300、350、400 等，度数以 -4.0 表示 400 度。

其实泳帽的款式并不十分重要，因为泳帽大都大同小异。选择泳帽主要看是否有接缝，一般来说，没有接缝的比较好，最后再看胶质好不好，不必担心泳帽松紧问题，制造商会替你考虑好这一点的。

这里要提一点，很多人购买泳镜时十分注重防雾性，其实再好的泳镜防雾有效期也是三个月左右，三个月过后需要在泳镜上涂抹防雾涂层。所以，不必过分在意这一点，只需要在泳镜使用久了之后注意保养就行了。

市场上泳镜的垫圈以橡胶、硅胶为主，两者各有千秋。橡胶是最传统的材质，优点是价格便宜，缺点是较硬、易老化；硅胶是新

型材质，优点是对皮肤无害，适合过敏性人群，使用寿命长，当然，它的价格比橡胶产品要贵。在选择时，大家按实际情况来选择合适材质的泳镜垫圈。要注意的是，垫圈吸力不是越大越好，要以让人感觉舒服为宜。

如何检查泳镜的防水性能呢？在购买泳镜的时候，可以首先把镜面朝下，把泳镜按在眼睛上，感受垫圈的吸力，同时轻压镜片将镜内空气排出，若吸力适中，说明防水没问题。若吸力过大或过小，说明泳镜的防水有问题。

当然，防水性会因脸形的不同而略有区别，所以选购时一定要亲自试一试。垫圈软硬度要适中，太硬会造成眼骨疼痛，太软会导致眼压过高，都会影响使用。

大家可根据自己的需要选择适合自己的泳衣，给准备化“蝶”的自己先穿上一身绚丽的色彩。

在练习蝶泳的过程中一定要谨记这四个字：躯干波浪。蝶泳中最重要的是蝶泳腿，但也有人将蝶腿称之为蝶腰。蝶腿是腰部发力，腿部只是腰部的延续，如果不是波幅在传播的过程中衰减，甚至可以说是头引导的波浪传到了腿部，腿部动作是由腰部带动的。蝶腿如此重要，很多练习者都很注重腿部的练习，反而总觉得打不好腿。很多人在初练习时也有这种感觉，告诉大家一句秘诀“忘记你的腿”。是的，你没有听错，在练习时要忘记腿的存在，由腰部带动腿部，体会波浪的感觉。当然，还要压胸和展腰。

简单来说，练习蝶泳先要找到腰的感觉，然后是身体波浪的感觉，最后找到全身配合的感觉。在蝶泳技术逐渐精湛以后，还要找到双臂很快的感觉，再加上控制肩部，你就能游到任何你想游去的地方。蝶泳，并不难学。主要是要有信心，有毅力，勤加练习。如

果遇到突破不了的问题的时候，静下心来想一想，到底是哪里出了问题，不要盲目地练，否则错误的肢体信息也会产生记忆，不好纠正。

短池蝶泳和长池蝶泳

可能对大部分刚刚接触游泳的人来说，并不知道短池游泳和长池游泳有什么区别，现在来做一个游泳知识普及。

正规的泳池是 50 米，而短池游泳中的泳池是 25 米。

奥运会和世锦赛的泳池为 50 米，而短池比赛中的泳池长度为 25 米，所以得名“短池”。但是所有游泳比赛项目的距离不会因场地缩短而发生改变。只是有一点，在短池比赛的过程中蝶泳运动员需要转身的次数比长池（50 米）多出一倍，所以，这就对运动员的自身技术和在游泳过程中的体力分配都提出了更高的要求。

在蝶泳比赛中，短池竞赛中的成绩比在 50 米长池中的成绩差一点。因为 25 米池的转身多，对体能的要求更大，对蝶泳的技术要求也更高。对蝶泳而言，技术和体力都是不可或缺的。所以，短池蝶泳竞赛比长池蝶泳竞赛更有难度。

其实转身蹬壁往往是加速的一个砝码，如果技术到位的话，在蹬壁时扭转乾坤的也大有人在。所以短池比赛也显得更加激烈些。但是同时，在短池中进行蝶泳比赛，对于运动员的体力也提高到了一定的层次。例如，在 100 米蝶泳比赛中，在长池比赛时只需要一次转身就够了，但是在短池比赛时要经过三次转身才能完成。在每次转身前，运动员必须对动作节奏进行调整，在呼吸的配合上也有更高的要求。

第三章

体能训练

对于业余爱好者来说，若是不求精益求精，普普通通地玩耍倒也罢了，若是真想将蝶泳作为一技之长，那么就要认真对待了。想要在泳池中自由翱翔，体力、技术，都不能少。技术是能游好的保证，体力是二者的基础。试问，体力不行，再好的游泳技术有什么用呢？

提高体能很重要

蝶泳相对于其他三种泳姿来说是最消耗体力的，许多人在学习蝶泳过程中发现，刚开始只要能游 20 米就已经很了不起了，而且只是游了一会儿，就会觉得手臂没有力气。所以，要想学好蝶泳，良好的身体素质是非常必要的，体能训练必不可少。保证体力，才能更好地诠释蝶泳的魅力。

首先要加强臂力训练。许多人反映，在蝶泳时，最容易感觉酸软无力的是手臂，这是因为在蝶泳时手臂动作繁复，本身对肩部就有损伤，虽然蝶泳本身就是锻炼臂力的方式，但是本身强健的臂力才是蝶泳振翅高飞的助力。锻炼臂力和蝶泳两者相得益彰。

所以笔者找了些简单的方法，希望能帮助大家锻炼臂力。

目前在健身方面，锻炼臂力的方式就有许多：

❖ 臂力训练

1. 吊环或者单杠：双手握环或者握杆，做引体向上。

2. 拉力绳：拉力绳是比较方便的，在家里备上一个，也不会占多少地方。

3. 哑铃：俯卧在木条凳上，握哑铃在身下。

站立姿势，单手交替或双手，从大腿处垂直提举（手臂不要弯曲）

到头顶上方。俯卧姿势，俯卧在木条凳上，在木凳下方，从头顶拉到大腿处，然后再从大腿处返回头顶部。

4. 杠铃：站立，双手提握杠铃（约 15 公斤），双手提握杠铃垂吊在大腿处，垂直提举起至头顶部，然后垂直返回腿部。

5. 俯卧撑:俯卧撑是不限地点的锻炼臂力的方式,所以值得推广。

练好臂力对游好蝶泳有助力，要学好蝶泳还必须有很好的耐力，蝶泳一般的耐力练习也很有意义,能够提高有氧代谢水平,增强体质。耐力训练一般可以用任意游、持续游、变速游、间歇游等方法。只要持之以恒，就能够真正地学好蝶泳。

❖ 耐力训练

1. 长跑。长跑是很有用的训练耐力的方法。长跑需要很强的意志力，比如，我们跑 1000 米，一般跑了 500 米左右，人体开始会有累的感觉，跑到 700 米左右就已经想放弃，咬牙跑到 1000 米的人完全凭着意志力。你想练耐力，就要吃苦，比如，别人跑 400 米，你去跑 600 米，甚至 800 米、1000 米。在身体允许的情况下加倍训练，别怕吃苦，耐力就是这样慢慢地提高的。另外，通过长跑也可以训练肺活量，这样对蝶泳训练也有裨益。

2. 负重越野。自己背负不低于 30 公斤的背囊（女子为 20 公斤），在不低于海拔两千米的小路、山脊行走，时间为一整天或两天，每周或两周一次。这种方法有些苛刻，适用于专业人士，若是您真的想练习体能，当然也可以进行尝试。

3. 骑自行车。骑自行车也是很好的训练方法，训练的时候打开音乐，听着动感的歌曲，然后把刹片先放到最松，一直快速蹬车，关键是，一定要站着蹬，让自己重心有上下起伏。当你呼吸不稳的

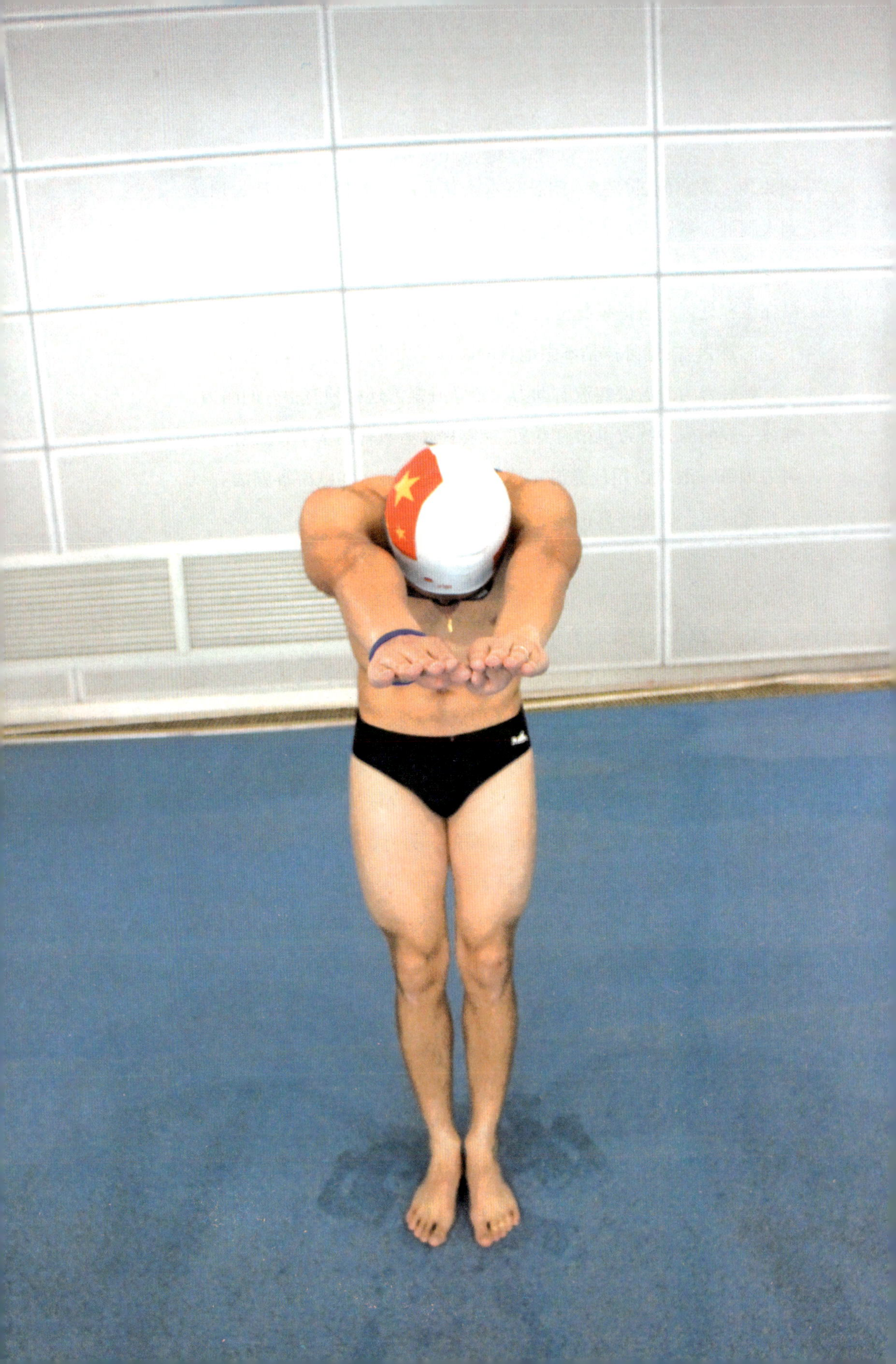

时候，把刹片放紧，然后继续蹬，基本上就是越来越紧，最好是 30 分钟为一个周期，训练效果会很好。如果可以，骑着自行车在林荫小道上飞驰，也是一种乐趣。

4．跳绳。跳绳作为一种有氧运动，不仅效果好而且简便易行。很多人小时候就很喜欢跳绳。跳绳是一项看起来简单，但是很锻炼耐力的运动，一般跳绳能连续跳 10 分钟就已经很了不起了。若是用跳绳来练习耐力，一定要坚持。

❖ 力量训练

1．大腿力量训练：大腿与地面平行，做“鸭步”状行走。

2．小腿力量训练：最好的方法是踮脚跳，大腿不用力，利用小腿的力量。

3．上肢力量训练：俯卧撑是最容易实施的方法，另外，手臂屈伸的相对高度为撑起时手臂伸直，卧下时臂肘略呈 90 度，以使胸大肌能够充分展开。两手臂的宽度略与肩同宽，两手平行放置，指尖自然向前。

4．腰腹力量训练：仰卧起坐是最好的训练腰腹力量的方法，仰卧起坐的主要作用是增强腰、腹肌肉的力量。在加强腹肌锻炼的同时，练仰卧起坐还能拉伸脊椎，锻炼背部肌肉。

5．柔韧性训练：身体的柔韧性练习当然也是必不可少的训练，身体的柔韧性在蝶泳过程中发挥着重大的作用，肌肉的拉伸、动作的协调，都离不了身体的柔韧性。身体的柔韧性，使身体呈现出刚柔并济的状态。如果是不常常做运动的人，身体会很僵硬，到了一定的年龄之后，想要锻炼身体的柔韧性就有一点难度了。但是也不是完全没有法子。用下列的方法可以锻炼身体的柔韧性。

（1）利用单杠，做单杠悬垂，拉伸肢体。

（2）压腿，下腰。有过舞蹈基础的人身体柔韧性比较好，压腿和下腰是学习舞蹈时常做的基本功，这种方法要自小开始练习，成年之后，再做练习就十分辛苦了。

（3）拉伸身体两侧肌肉。力量和柔韧训练每周不少于三次，最好是接在长跑运动之后。要是想取得好的进展，最好是长跑每周不少于四次。但是，运动嘛，总是不能够过量的。

（4）拉伸大腿后部肌肉。坐在地上，右腿在体前伸直，左腿弯曲，外侧贴近地面，与右腿组成三角形，背部挺直，从胯部开始前倾，双手抓住右脚脚尖，保持这个姿势 30 秒，手触脚尖时不允许有弹动式动作（触不到脚尖也没关系）。换腿做。每条腿拉伸 3 ～ 5 次。

（5）拉伸大腿内侧肌肉。

方法一：坐姿，双脚脚底在身前相互贴紧，膝盖向外撑并尽量靠近地面，双手抓住双脚踝，保持这个姿势，数 10 下，放松，然后重复 3 ～ 5 次。

方法二：坐姿，双脚在体前伸直并分开，保持背部和膝盖部挺直，从胯部向前屈体，双手从腿内侧去抓住双腿的脚踝，保持这个姿势，感觉大腿内侧被拉紧，放松，然后重复 3 ～ 5 次。

（6）拉伸小腿（后部）肌肉。俯身，用双臂和一条腿（伸直，脚尖着地）支撑身体，另一条腿屈于体前放松，身体重心集中于支撑脚的脚尖处，脚跟向后、向下用力，感觉到小腿后部肌肉被拉紧，保持紧张状态，数 10 下，放松，重复 3 次，然后换另一条腿做 3 次。

（7）拉伸背部肌肉。坐姿，双腿在体前贴紧伸直，上身前倾，用手指去碰触脚尖，尽量让腹部胸部靠近腿部，保持 20 秒，放松。

然后重复 3 ～ 5 次。

在进行柔韧性练习之前，要做好准备运动，不然会造成肌肉拉伤。热身时需要活动的关节：肩关节、髋关节、膝关节、踝关节。

（8）肩部环绕练习。直立，双腿分开与肩同宽，手臂自然下垂，腹部用力收紧，双肩利用肩背肌群力量向后环绕 10 次，再向前环绕 10 次。单肩左右交替向后环绕、向前环绕各 10 次。

（9）摆胯及绕胯练习。直立，双腿分开略比肩宽，双腿微屈，手放在胯骨上。上身正直，利用腰胯力量使胯部左右摆动各 10 次，注意腹部收紧。然后顺时针逆时针环绕各 10 圈。

（10）扭膝旋转练习。两腿并拢，屈膝半蹲，两手扶膝，轻轻转动膝部，可以先从左至右转动，再从右至左转动，各自转动或交替转动 10 ～ 15 次。

脚尖环绕练习。直立，抬起右脚离地 15 厘米左右，脚跟固定脚尖画圈，顺时针逆时针各 10 圈。而后换左脚。

❖ 弹跳力训练

可不要小看弹跳力的训练，弹跳力是全身力量、身体协调性、柔韧性的综合体现。不要以为它只是简简单单地蹦蹦跳跳就行了。必须坚持每天拉伸自己全身各部位的肌腱、韧带、肌肉，扩大关节的活动范围，同时，还可以做各种复杂的有利于提高身体协调性的体操，动作要准确、优美，既有力又放松。

若是自己进行训练，最好每周进行 2 到 4 次的大力量训练，但是训练时一定要注意安全，以免发生意外伤害。所谓大力量训练就是利用杠铃进行大负荷的练习。最典型常用的有三种：

负重蹲起，提铃，抓举。练习好这三项，弹跳力也就越来越好。

YINGFA

每次练习的重量、组数、次数、动作规格等都有要求，一般的原则是：

一是，大力量训练每周至少 2 次，但是最好不要多于 4 次，要给身体以恢复的时间，但要长年进行，不可间断。

二是，每次最好安排以上所述三项练习方法，依量进行。

三是，要讲究大力量训练的技术动作规格，切忌不可乱来，量力而为。

若是要进行小力量训练，就是使用各种综合训练器械和哑铃等进行训练。用这些器械训练体能，器械的重量较轻，相应的组数和次数都要增加。这样做的目的是提高肌肉耐力，增粗肌纤维，减少脂肪。小力量训练可以变化着花样天天练习，小力量训练和大力量训练最好不要同时进行。但是无论大力量还是小力量训练，训练的时间都不可拖得太长，1.5 小时至 2 小时为宜。有强度还要有密度。

速度训练也是提高弹跳力的一个重要方面。

反复冲刺训练还是有必要的。所谓冲刺，就是要求你自己在准备活动后全速往前冲，而不是中速。专项速度训练同大力量训练一样，不必天天训练，每周只要 3 小时就好。还要特别注意，通过运用小力量训练手段增强大腿后侧肌肉群的力量。

各种专门的弹跳练习手段非常多，诸如跳绳、跳栏，等等。

但是，练习弹跳力不是乱跳一通，要在适合自己的前提下，逐步去适应。对于下面的每个动作项目，一种动作要做 3 组，组与组之间休息不能超过 2 分钟，若完成了，可直接做下个项目。一定要记住的是中间绝对不能休息。

1. 半蹲跳

（1）开始时，半蹲至腿与地面相平行的位置，双手放置于前，握拳。

（2）向上跳离地面最少 20 ～ 25 厘米。若你觉得这个高度太容易的话，你可以跳至 25 ～ 30 厘米。当在空中，你的双手需放在后面。着地时，完成一次。重复以上步骤。

2．抬脚尖

（1）首先，找个梯级或一本书来垫脚，然后只把脚尖放在上面，脚跟不得着地。

（2）把脚尖抬到最高点。

（3）再把脚慢慢放下来，回到最初点，这就完成一次抬脚尖的动作。这组动作运动量不大，可以多练习几组。

3．台阶

（1）需要道具：椅子一张。把一只脚放上去，呈 90 度。

（2）尽全力地跳开，在空中换脚，再放在椅子上。

（3）重复上一个动作，将原起跳的脚放回椅子上，完成另外一跳。

4．纵跳

（1）双脚放直，与肩同宽，“锁紧”膝盖。

（2）只用小腿跳，弯曲脚腂，膝盖尽量不弯曲。

（3）到地时，再迅速起跳，这样就完成一次纵跳。

5．脚尖跳

（1）将脚尖抬到最高点。

（2）用脚尖快速起跳，跳时不得超过 1.5 厘米或 2.5 厘米。

体能训练对于想蝶泳“蝶”得漂亮的人来说是不可或缺的，蝶泳本身也是强身健体、减肥健美、锻炼体能的一个运动，但是，如果想要技术更加精进，还是要配合体能训练方法，两者相得益彰，就肯定会取得好成绩。

移出手臂的力量

许多人反映在蝶泳过程中最困难的地方是移出手臂，感觉移出手臂需要很大的力量，并且就算用了力也不容易做到。究其原因有三个方面：

一是划水的后半个阶段手掌心是向侧上方推水，二是推水的时候没有用力或者推水动作之后有停顿，三是向空中移臂的时候头抬得过高。犯了这三个错误，都会增加移出手臂的动作的难度。

我们在观看蝶泳比赛的时候，感觉运动员们做移臂动作时手臂都是强健有力但是又给人轻松自如的感觉，那么为什么很多人都不能做到这样的动作呢？要求做到这点，不是要我们变得多么专业，而是要我们以美丽的姿态畅游在水中。

纠正错误的方法如下：

手掌心向后方加速用力推水；

推水结束之后，利用推水产生的惯性提肘转肩并且向前移臂；

做移臂动作之前先要低头。

纠正了这三个错误应该就可以减少移臂动作的难度。还有一个小窍门要同大家分享：移出手臂的力量主要来自协调身体波浪动作产生的惯性，而不是依靠手臂的力量，不然就会觉得疲劳。

笔者在这里补充了一些蝶泳手臂动作要领：

1. 蝶泳时手是斜插入水的，大拇指先触碰到水。要注意的是，入水点是肩膀的延长线上。

2. 入水后，当两臂分开到肩宽时，屈肘，加速划水，肩肘前伸，两手以一个划水的弧度向外、后、下方抓水。

3. 当手位于胸下或腹下时，两手之间距离最近。当两手分开距

离最远时，手臂转为向内、向上和向后划水，手臂上抬时保持高肘屈臂。

4. 呼吸与划水的配合也是蝶泳技术的关键。手臂在结束向内划水并准备露出水面之前，头先于手露出水面吸气。在手臂再次入水前，头部入水。

5. 蝶泳双手划水两手距离最近时，手臂划水的方向再一次改变，转为向外、向上和向后划水，直至出水。

6. 划水出水后，手臂在肩的带动下经空中向前移臂，准备入水、移臂，一般以低、平、放松的姿势从两侧前移。

腰部发力点

如果在蝶泳时腰部不累，那你可要警惕自己是不是犯了蝶泳中常见的一个错误：发力点在小腿上。事实上蝶泳的正确发力点应该在腰部。若是发力点在小腿时，会明显地感觉到腰部和身体的其他部位都很僵硬，身体也做不出波浪动作，出水位置过低，会造成移出手臂困难，而且上肢体力也会消耗过大。如果发力点正确的话，可以感觉到全身都在做波浪动作，上下有节奏的律动，身体每一个部分都协调起来。腰腹肌同时发力，腰肌发力缓慢，力量要轻柔一点，感觉有张力，身体要一直处于反弓形趋势，腹肌发力要快，力量要强，腹肌收缩使髋部向下移动，这个力量可以传至大腿和小腿直到脚腕。

其实很多人都不是很清楚蝶泳的腰在哪里，感觉总是找不到腰。其实蝶泳时可以不加大腿和小腿的打腿力量，完全靠腰部发力，感觉到波浪的流线，协调整个蝶泳动作。只有找到腰，利用腰部的力量，才能做到完美波浪的蝶泳动作。整个发力过程应该是从胸部到腰部，然后过渡到大腿和小腿，使身体有节奏地运动。

蝶泳对腰腹的要求很高，因为蝶泳是靠腰带动整条腿来打水的，所以千万不要忽视了腰部发力点，这也是蝶泳能瘦腰和锻炼腹肌的原因。

安全小知识

蝶泳过程中的安全问题也是值得练习者注意的。当人们在享受蝶泳这项优雅美丽而强有力的运动带来的无限欢愉时，还是要注意生命安全。

首先我们要了解一下在游泳中应该注意哪些问题。

第一，下水时不宜太饿或者太饱，最好饭后一小时下水，这样可以避免水中抽筋。

第二，在江、河、湖、海游泳时，不可单独游泳，需要有人陪伴。

第三，下水前要注意观察游泳的环境，如果有危险警告的提示，就不能在此处游泳。

第四，若是在海中游泳，最好沿着海岸线平行方向游进，游泳技术还是菜鸟级别的或者自身体力不是很好的人，不要游得太深，以确保安全。

以上这四点不仅是蝶泳时要注意的，只要是游泳运动时都应该注意的，安全第一。

游泳时最重要的就是注意安全，无论是在室内游泳池里游泳还是在户外江河湖海游泳，最起码的安全措施一定要做到位，并且，也要学习一些自救方法。生命诚可贵，我们可不能为了贪一时之欢而罔顾生命安全。溺水，是游泳者最不想遇到的情况。溺水致死主要是气管内吸入大量的水分阻碍呼吸，或者喉头痉挛引起了呼吸道关闭窒息死亡。而溺水的症状也很明显，溺水者面部出现青紫、肿

胀、双眼充血的现象，而且口鼻和气管也会充满血性泡沫，肢体冰冷、脉搏跳动弱，甚至出现抽搐或者呼吸心跳停止的现象。预防溺水是安全游泳的第一步。

❖ 预防游泳时下肢抽筋的方法

脚抽筋似乎是游泳时常常遇见的问题，为了避免脚抽筋，我们必须要做的就是暖身运动。我在海边游泳时，常常看到一些小朋友们一到海边，就立刻下水，这是一种很不好的习惯。简单的暖身运动拉开筋骨，也使得身体首先接受到锻炼，产生热量，可以避免身体骤然接触到冷水而产生不适。

介绍几个简单的暖身动作：

暖身第一步：头部向前后左右弯曲以拉伸颈部肌肉，重复 10 次。

暖身第二步：单臂轮流向后绕肩，然后双臂同时绕肩。

暖身第三步：一手经脑后伸向对侧肩部，肘尖向上，另一只手握住其肘部向对侧拉。换手臂，并重复。

暖身第四步：双手分别从肩上和腰部向一起移动，直到在后背部双手互握，然后用力向一起拉伸。

暖身第五步：单臂上举，向对侧弯腰并尽量伸展，换臂重复。

暖身第六步：双腿并脚向前伸直坐于地上，双手向前伸以触到脚趾，保持，然后重复。

暖身第七步：两腿分开伸直坐于地上，身体弯向一侧使鼻子触到膝盖；两边重复。

暖身第八步：一腿向前伸直，一腿向后弯曲（大腿外侧向上）坐于地上，躯干向前伸展，然后向后躺倒。重复几次，然后换另一条腿。同时按顺时针和逆时针两个方向绕转脚踝。

简单的暖身运动是游泳前必不可少的步骤，大家可不要看到了泳池就迫不及待地下水，下水有风险，游泳须谨慎。

游泳前还应该考虑自己身体的状况，太饱、太饿，还有感觉疲劳的时候不要游泳，何况蝶泳是一项耗费体力和能量的运动，就更加应该在身体状态很好的时候进行蝶泳练习。为了避免脚抽筋，比较好的习惯是在游泳前先在四肢上拍点水，等四肢适应了水的温度再跳入水中。在游泳过程中若是感觉到胸痛，要用力挤压胸口，等感觉好一些之后再上岸，但是感觉腹部疼痛时就应该马上上岸，喝点热饮，使身体温暖起来。

在水中遇到脚抽筋是一件非常危险的事情。民间有一句俗语说的是“淹死的都是会游泳的”，说的就是许多会游泳的人仗着自己泳技傍身就不注意细节，不注重这些安全隐患，最终失去了宝贵的生命。如果能事先做好这些准备工作，了解一些安全知识，对自己的生命安全就有了重要保障。

❖ 游泳溺水自救方法

不管是在何处游泳，溺水的阴影总是无处不在，对水情不熟就贸然下水，或者仗着自己懂水情而掉以轻心，都是非常容易造成生命危险的安全隐患。万一我们在练习蝶泳时也遇到溺水事件，该怎么办呢？溺水时千万要保持镇静，从容不迫地进行自救。当然，有人说，那个时候怎么可能保持镇静呢？所以，就要将自救的方法装进脑子里，在遇到溺水事件时，自然而然可以想起来，实施自救。

如果在游泳时，手指抽筋，这个时候只要将手握拳，然后用力张开，反反复复多做几次，直到手不再抽筋为止。再者就是小腿或者脚趾抽筋，这个时候先吸一口气仰躺在水面上，用与抽筋的小腿

或者脚趾那一侧的对侧手（比如，左小腿抽筋，那么就用右手）握住抽筋的小腿或者脚趾，并向身体方向用力拉，与此同时，用同一侧的手掌压在正在抽筋的膝盖上，帮助抽筋的腿伸直。还有一种情况是大腿抽筋，大腿抽筋同样采用拉长抽筋肌肉的方法，与小腿抽筋的自救方法一样。上腹部肌肉抽筋，可以仰卧在水里，把双腿向腹壁弯收，再伸直，反复几次，效果明显。蝶泳抽筋后，改用别的游泳姿势游回岸边，不然可能出现再次抽筋的状况。

溺水者除了自救之外，陆上的抢救方法也是必需的，许多人在救溺水者时第一想到的就是对溺水者进行压腹然后人工呼吸。并不是说这种方法不对，但是还是要细致系统一些。

首先，若是观察到溺水者口鼻中有淤泥杂草或者呕吐物的话，应立刻清除，解开溺水者领口的扣子，至少要保证呼吸通畅。

若是溺水者在溺水过程中喝了大量的水，那么救助者应一只腿跪在地上，另一只腿屈膝，将溺水者放在屈膝的那一只大腿上，一只手扶着溺水者的头，将他的嘴朝下，另一只手压在溺水者的背部，将水排出来。要是溺水者已经昏迷了，呼吸很弱甚至停止了呼吸，在做完以上处理之后，还要进行人工呼吸。人工呼吸的方法大家应该不陌生，但是在人工呼吸的几个细节应该注意到位：将溺水者平放在地上，救护者在身旁用一只手捏住溺水者的鼻子，另一只手托住他的下颚，吸一口气，用嘴巴对着溺水者的嘴将气吹入。

吹完一口气之后，离开溺水者的嘴，同时要松开捏着他鼻子的手，并且用手压一下溺水者的胸部，帮助他呼气。就这样反复进行，每分钟大约要做 14－20 次左右，开始的时候速度稍微慢一点，之后速度可以适度加快。

更严重的情况是溺水者的心跳已经停止了，这时首先应该给溺

水者进行胸外心脏按摩。使溺水者平躺在地上，背部垫上一块硬板，头稍稍往后仰，救助者在溺水者的一侧，面对着溺水者，右手手掌平放在溺水者的胸骨下段，左手放在右手手背上，借急救者的身体重量慢慢地用力。切忌用力过猛，不然会使溺水者骨折。将溺水者的胸骨向下压 4 厘米左右，然后松开手腕的力度，这时的手还不要离开胸骨，使胸骨复原，反复地以每分钟 60 ～ 80 次进行，直到心跳恢复了为止。

❖ 游泳时耳朵进水的处置方法

游泳时还常常会出现的一个状况是耳朵进水，耳朵进水看似是小事，但是如果不好好处理的话，也会造成困扰。水有张力，进入狭窄的外耳道后形成屏障而把外耳道分成两段，又在水的重力作用下，使水屏障与鼓膜之间产生副压，维持着水屏障两边压力的平衡，使水不容易自动流出。有时外耳道内有较大的耵聍阻塞，使水进入耳道后更容易包裹在耵聍周围而不容易流出来。耳内进水后会出现耳内闭闷、听力下降、头昏的现象，让人感觉十分不舒服，所以在耳朵进水后非常迫切地想把水排出来。但是有些人情急之下会用不干净的夹子、火柴棒、小钥匙等掏耳，这样虽然可侥幸将水屏障掏破，使水流出，但也易损伤外耳道甚至鼓膜，导致耳部疾病。

耳朵进水用以下方法把水排出来：

1. 跳跃法：将进水的那一只耳朵向下，用一只脚跳跃，使水从外耳道向下流出来。

2. 活动外耳道：用手掌压迫耳屏或者用手指拉住耳郭，或者反复地做张口动作，活动颞颌关节，可使外耳道皮肤不断上下左右活动或改变水屏障稳定性和压力的平稳性，使水向外从外耳道流出。

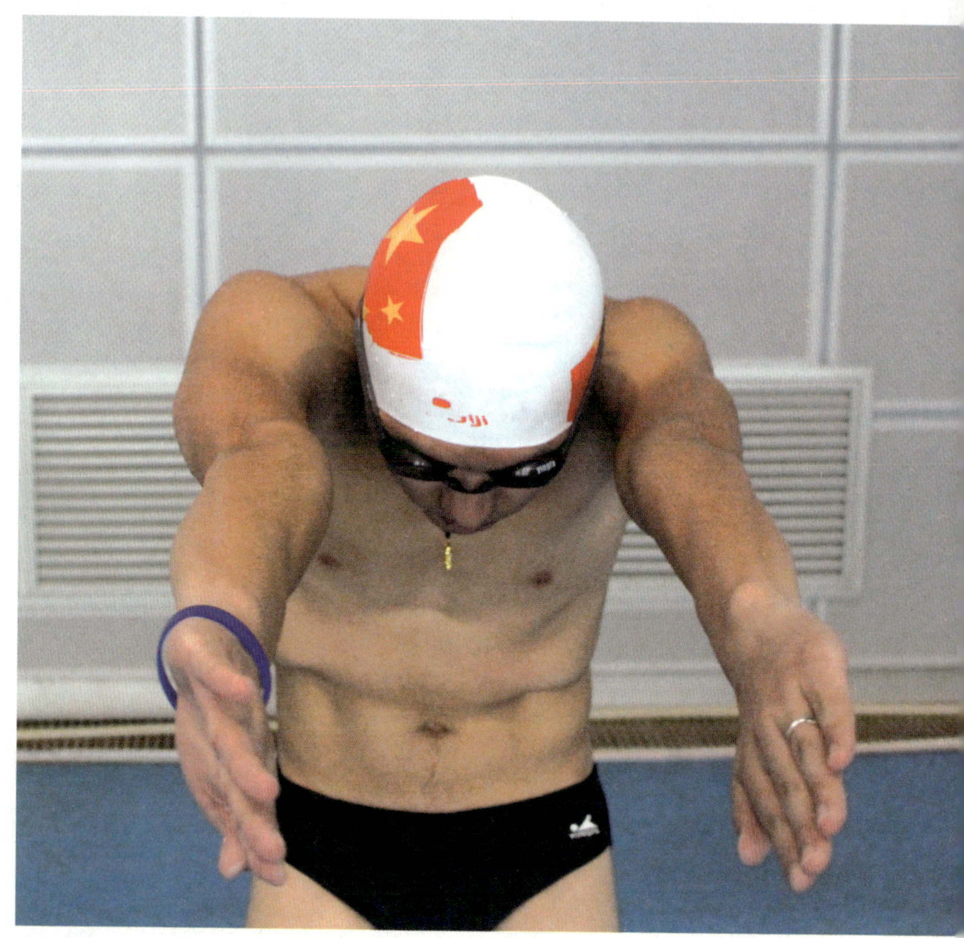

3. 外耳道清理：用干净的细棉签轻轻探入外耳道，一旦接触到水屏障时即可把水吸出。

不管是在哪里游泳，水都不是绝对干净的，不干净的水进入耳朵后会引起外耳道皮肤及鼓膜感染。耳朵里进水后处理不当，常可引起以下几种耳病：外耳道炎、外耳道疖肿、耵聍阻塞、鼓膜炎、化脓性中耳炎。如果耳内进水后出现以上症状，最好还是暂时停止游泳，去医院检查治疗。

❖ 户外游泳时被水草缠住的自救方法

江河湖海是大家户外游泳的场所，许多在游泳池学好游泳的人更想征服自然的水域。在户外水域练习蝶泳也会遇到问题，例如，江河湖海靠近岸边或者是较浅的地方都会生长着杂草，或者还有淤泥。如果不幸在练习时被水草缠住或者陷入了淤泥又该怎么办呢？

首先，我们还是记住要保持镇定，从容不迫。切忌踩水或者手脚乱动，不然就会使肢体被水草缠绕得更加难以解脱，或者在淤泥中越陷越深。如果蝶泳时遇到问题，最好是改为仰泳的方式顺原路返回，或者说平卧在水面，双腿分开，用手来解脱。如果身上携带着小刀或硬物，可以将水草割断。或者，试着将水草踢开，或者像脱袜子一样将水草从手脚上弄下来。摆脱水草后，轻轻踢腿，尽快离开水草茂盛的地方。

❖ 陷入旋涡的自救方法

旋涡会出现在哪些地方呢？

旋涡会出现在河道突然放宽或收窄还有骤然变得曲折的地方，水底有凸起的岩石，有凹陷的深潭，河床高低不平的地方。

山洪暴发、河水猛涨时，旋涡也是最多的。而海边也常常有旋涡，要加倍注意。若是看到有垃圾或者树叶等杂物在水面上打转，就要尽量避免靠近。

如果已经接近了旋涡，切忌踩水，应平躺在水面上，沿着旋涡边，改用爬泳的方式快速地游过。这是因为旋涡边缘的地方吸引力比较弱，不容易卷入面积较大的物体，所以，身体一定要平卧在水面上，切忌直立踩水或者潜入水中。

❖ 游泳过度疲劳时的自救方法

蝶泳很耗体力，要是在游泳中感觉到疲劳，容易造成抽筋或者因体力不支而溺水。这个时候该怎么自救呢？

如果觉得寒冷或者疲劳了，就应该立刻游回岸边，如果离岸边还很远，不能立刻回到岸边，就仰面浮在水面上保持体力。若是身边有其他人，举起一只手，放松身体，让对方营救自己，切忌紧抱着对方不放。若是没有人在身边，就继续浮在水面上，等到体力恢复后再慢慢游回岸边。

蝶泳很容易疲劳，最好的方法就是在感觉到疲劳的时候换另一种游泳的方式，不然就立刻回到岸边休息，等体力充沛了之后再继续享受蝶泳的乐趣。

❖ 蝶泳时肩膀受伤的自救方法

蝶泳移臂对肩膀的损伤也很大，在蝶泳的时候肩膀受伤也是一个问题。蝶泳时肩膀受伤该怎么办呢？

在蝶泳前就先让肩膀做好准备，在岸上做一些肩部运动，比如，进行拉力绳或者皮筋运动，不仅可以锻炼臂力，还能扩大关节活动的幅度，这样就能在游泳时使肩膀受力小些。蝶泳的时候如果肩膀疼了，换种方式游一会儿。如果你坚持蝶泳，那就换单手蝶泳，这样会让肩膀感到好一点。用一只手臂游蝶泳，让那个疼的肩膀休息一下，就能把整个身体都转动起来，它会带你冲过水流，你就不用再用手臂划水了。

❖ 蝶泳时腰部受伤的自救方法

刚开始练习蝶泳的朋友会发现，腰部会非常痛。要注意的是，

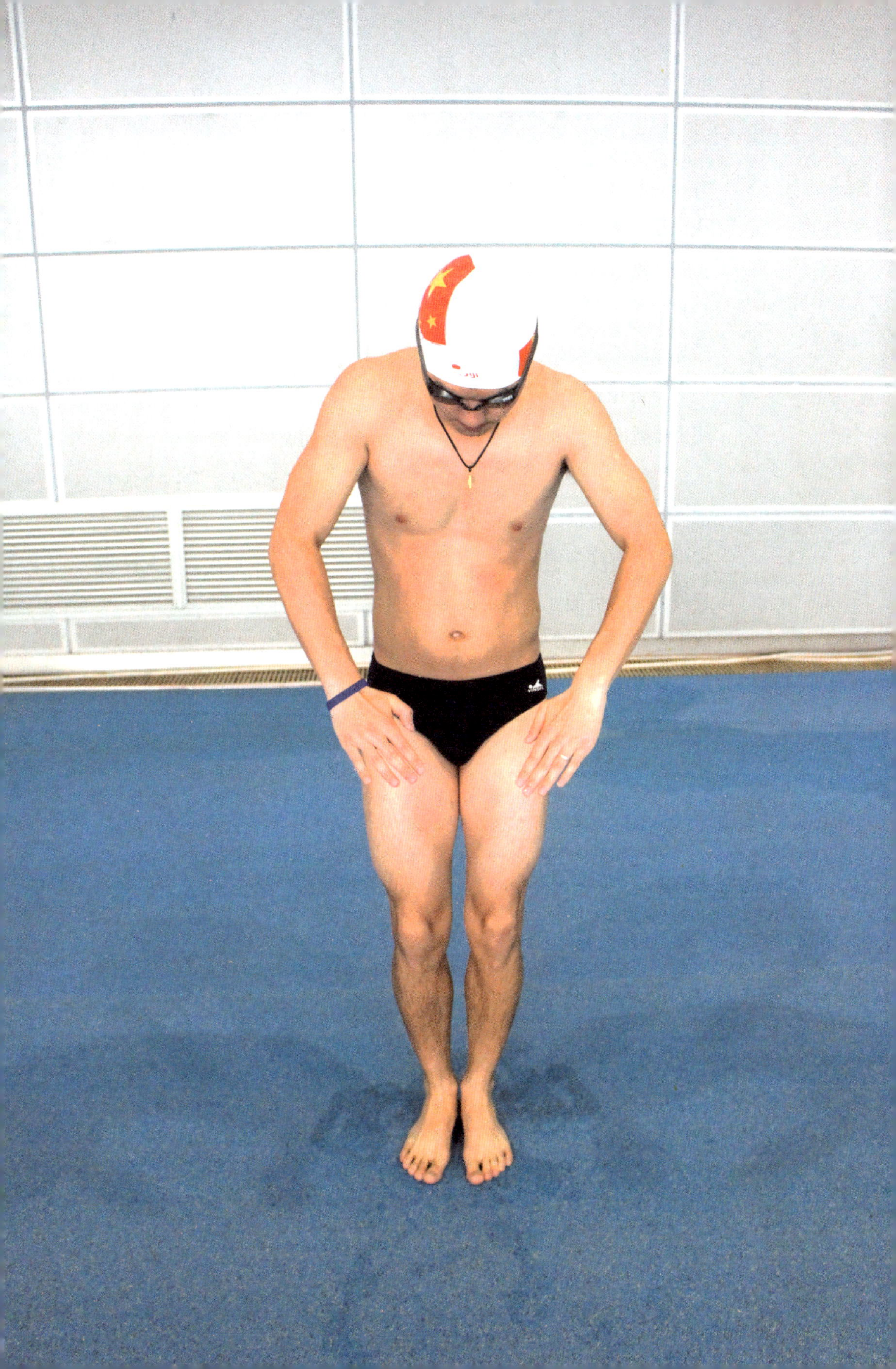

并不是腰部痛就是“腰部受伤”。对于平时没有运动或运动量较小的人来说，刚开始练习蝶泳腰部一定会痛，这是锻炼过后的正常现象，但是一般几天后这种疼痛感会消失，身体会觉得很轻松。如果几天后疼痛感加剧了，那就要引起重视了，这应该是泳姿不当、用力过猛导致的腰部受伤，要及时到医院治疗，以免造成更严重的后果。

要避免腰部受伤就应该按照正确的方法练习，注意游的动作，用力要适度。要循序渐进地练习，不要一蹴而就。

蝶泳是一项全身的运动，也就是说，不注意的话，每一个地方都会受伤，肩部、腰部、腿部、手腕都有受伤的可能。而且游泳过程中，还有许多别的意外。但是，大家也不要过于担忧，毕竟这些意外出现的可能性不是非常大，而且稍加注意都是可以避免的。蝶泳本身并不是危险的运动，但是如果不谨慎小心或者练习方法不对，还是会有安全隐患的，我们在享受水带来的乐趣时也要注意到水带来的威胁，“生命在于运动，运动有益健康”，我们运动是为了生命健康，可不能为了运动的乐趣而失去宝贵的生命。在生命受到威胁的时候我们不要太过慌张，要冷静沉着从容不迫地进行自救。在蝶泳时如果遇到上述的问题，还请大家能够重视自救的重要性，祝大家玩得开心，玩得健康，玩得安全。

第四章

蝶泳赛事

我们不仅喜欢自己练习蝶泳，更惊叹于蝶泳作为一种竞技游泳时精彩绝伦的赛事，那是激情的碰撞，那是美丽的交织，那是速度的较量，那是力量的比拼！提到比赛，很多人的心里也是激动不已。那些优秀的蝶泳运动员给我们带来的视觉盛宴，不管经过了多长时间都让人振奋不已。

比赛规则

一些初接触蝶泳的人或许只是喜欢它优美的姿势和速度，而对于竞技蝶泳而言，又会有怎样的特殊要求？我们在看比赛的时候除了注意他们的速度还应该注意什么呢？这就要求我们了解蝶泳的比赛规则，只有了解比赛规则，我们才能在观看比赛的时候更透彻地接近每一个精彩的瞬间，才能真正领略到蝶泳的魅力。下面，就让我们一起来了解蝶泳的比赛规则，彻底地成为蝶泳的发烧友。

奥运会的蝶泳比赛有两种形式，一种是单项比赛，另一种就是接力赛。就奥运会比赛规则而言，单项比赛时的每个项目中，如果达到奥运 A 标则可以派出两名运动员，若达到奥运 B 标，则只能派出一名运动员。接力比赛时，每个国家只能派出一队。当一个国家没有人达到奥运 A 标或 B 标时，可按照指示，派出另外的男、女选手。

奥运会游泳比赛中，200 米以下的个人项目（包括 200 米）分为预赛、半决赛和决赛，400 米以上的个人项目及接力项目分为预赛和决赛，运动员和接力队根据报名成绩来分组进行预赛，根据预赛成绩排名进入半决赛或决赛。

预赛结果的前 16 名进入半决赛，半决赛成绩前 8 名进入决赛。8 条泳道的游泳池比赛中，同组的成绩最好的运动员或接力队，会安排在第 4 泳道。其他运动员或接力队所取得的成绩的好

坏以 5、3、6、2、7、1、8 泳道的顺序安排。接力赛以团队为单位，每个单位可以在报名参加比赛的同组的运动员中选择四个人参加接力赛。预、决赛的参加者可自由地调换，但接力名单提交后未经授权擅自颠倒棒次或更换运动员均被裁定为犯规。

❖ 出发和目的地

在奥运会游泳比赛项目中，任何运动员出发时抢跳犯规会被取消资格。自由泳、蛙泳、蝶泳及个人混合泳的比赛，起始必须从出发台起跳出发，仰泳项目在水中开始。当总裁判发出长哨音信号后，运动员应站到出发台上（仰泳运动员入水，在总裁判发出第二声长哨时迅速游回池端，在水中做好出发准备），当发令员发出“各就各位”的口令后，运动员应至少有一只脚在出发台的前沿开始做好准备，而不是仅限于手臂的位置。当所有运动员都处于静止状态，发令员“发出信号”（鸣枪、电笛、鸣哨或口令），运动员听到开始信号后可以开始做动作。自由泳和仰泳比赛中到终点的运动员可以只用一只手触壁，而在蛙泳和蝶泳比赛中，必须双手同时触壁。

❖ 转身

奥运会游泳比赛是 50 米长的标准池，所有距离 50 米以上的比赛必须采取中途折返的方式。转身时，自由泳和仰泳允许运动员使用身体的任何部分接触池壁，这就允许运动员在水下转身时可用脚去蹬池壁。转身的一个例外规则就是在个人混合泳中，泳姿从仰泳过渡到蛙泳时，运动员必须保持仰泳的位置，直到接触墙壁。

❖ 计时

所有运动员游泳比赛的成绩和名次是由自动计时装置记录的。

YINGFA

运动员出发时，出发台上的压力板将记录数据。每条泳道的两端配备有触摸面板，运动员触壁的话，将被记录。由于触板和出发台是相互关联的，所以可以判断入水的运动员是否在他们的队友触壁后才开始参加接力比赛，即入水的。接力比赛当中，如果任何运动员在其队友触壁 0.03 秒之前离开出发台，队伍将被自动取消资格（运动员当队友触壁时可以做出发的动作，但双脚必须接触出发台）。

就蝶泳自身来说，它也有一些独特的规则，这些规则也可以说是蝶泳比赛时的技巧。

1. 自出发及每次转身后至第一次划臂起，身体必须保持俯卧姿势，且两肩必须保持与水面平行，但在水面下允许腿侧向打水，任何时间身体均不得翻转成仰姿（背朝下）。

2. 两臂必须在水面上同时向前摆动，同时在水下向后划水。

3. 双腿打水动作必须同时一致，两腿或两脚可不在同一水平面上，但不允许有交替动作，不允许蹬蛙泳腿。

4. 在每次转身及抵达终点时，两手必须在水面上或水面下同时触碰池壁。双肩必须维持在同一水面上。允许双肩在不同高度或斜肩，增加活动自由度。

5. 在出发和每次转身后，允许运动员在水下做一次或多次打水动作，并借助双臂依次划水，使身体浮出水面。允许在出发和每次转身后潜泳，但不得超过 15 米，在 15 米前，头部必须露出水面，使身体保持在水面上，直至下次转身或到达终点。

蝶泳是由蛙泳发展而来，它的规则也是由蛙泳的规则发展而来。两者的差别在于，蝶泳的划水和踢腿动作是在垂直平面上进行，而蛙泳是在水平面上。和蛙泳运动员相比，蝶泳运动员除了开始和转身后可以在水下潜行 15 米以外，其他时候必须脸部朝上在水面游。运动员在转身

和结束的时候必须用双手而不是双腿触壁。在蝶泳中，两臂膀必须一起向前摆动，脚必须一起踢出去（大多数蝶泳运动员都采用海豚踢）。

在这里值得一提的是，世界游泳史上的传奇人物——亚历山大·波波夫，曾经因为他而改变蝶泳规则，更改的是出发后多少秒露出水面。

了解蝶泳的比赛规则后，就能以比赛规则为准则更深刻地解析运动员们的每一个动作，领略每一场比赛的精彩之处。简单来说，就是更能看“懂”比赛。

观赛礼节

蝶泳，以其绝美的动作与极快的速度吸引着每一个热爱游泳的人。作为蝶泳的发烧友，我们都喜欢欣赏精彩的蝶泳赛事。当我们作为观众观看蝶泳赛事时，要注意观赛礼节。这不仅是为了保证赛场的秩序，也是自身素质的体现，更是对运动员的尊重。遵守观赛礼节是观众珍视一场比赛最好的体现。观赛礼节并不复杂也不难做到，在这里详细介绍一下蝶泳的观赛礼节，大家看比赛时记得要遵守这些规则。

首先观众进出场地要有序，应该在比赛前到达赛场，这是对运动员、教练员和裁判员最起码的尊重。不应该在比赛过程中还有观众在入场。我想，如果是真心热爱蝶泳的人一定舍不得错过比赛的任何一分钟吧！真正的铁杆蝶泳迷也一定会愿意提前到赛场来为喜欢的选手摇旗呐喊，鼓劲助威。所以，提前到达赛场是最起码的要求。

像玻璃瓶、易拉罐饮料都是不应该带进场地的，比赛时只允许带软包装饮料进入赛场。垃圾要用方便袋或者纸袋自行带出。否则，一场比赛下来，整个赛场都是垃圾，清理起来也不方便，还会污染水。玻璃瓶的碎片也会让运动员受伤，会影响到比赛的发挥。

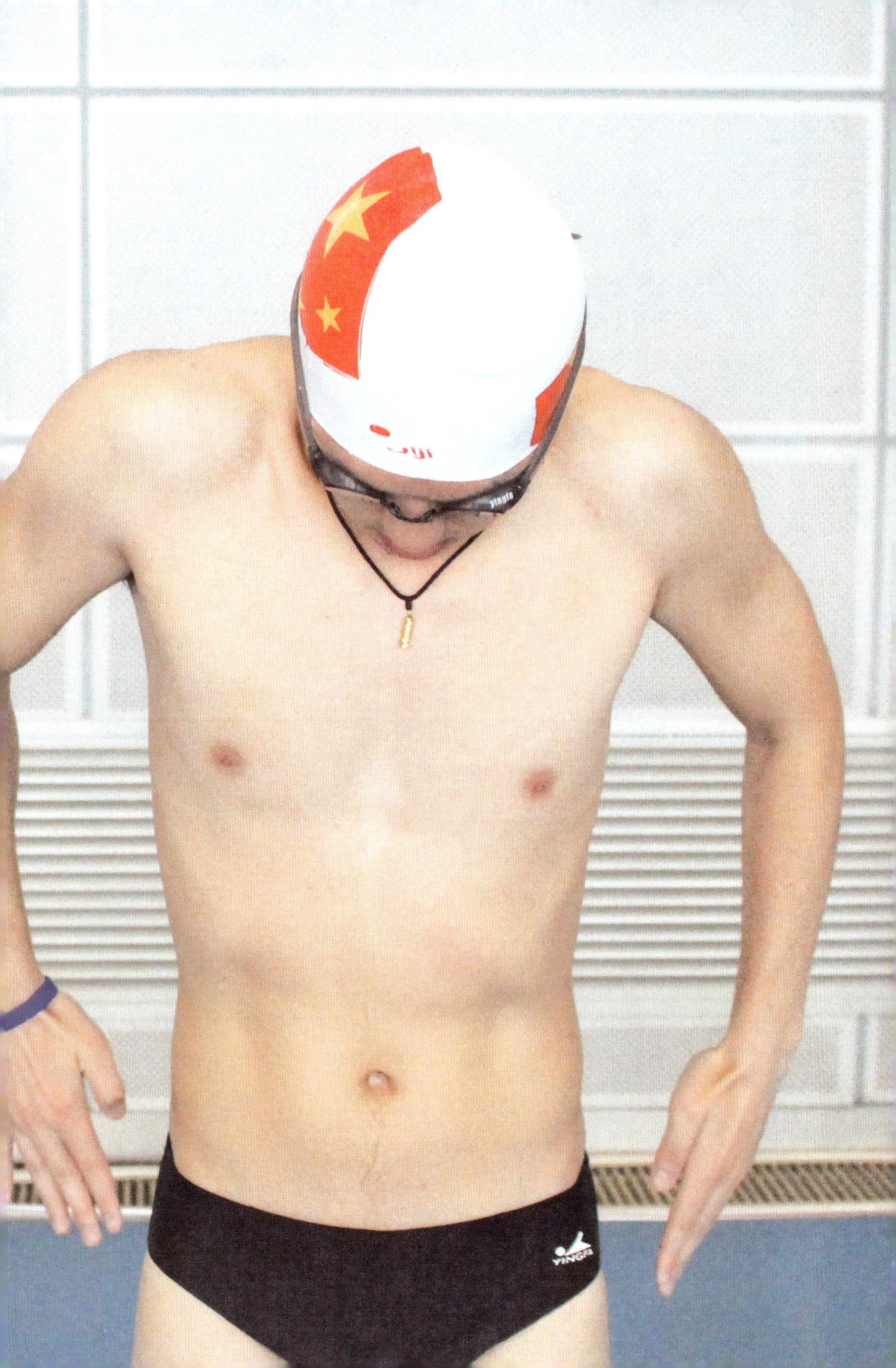

在比赛开始时，特别是运动员准备出发时一定要保持安静，不要吃东西或互相聊天、喧哗。不管多么激动，也要抑制住澎湃的情绪。保持赛场安静,让运动员在比赛之初能有一个好状态。在比赛中，最好不要走动。如果确实有事，应在观众席旁边绕出去，不要在席间乱穿，否则不仅影响比赛氛围，更会影响他人观看比赛。详细的观赛礼节有以下几点：

第一点：进入比赛场地时，要禁止把玻璃瓶装、易拉罐装的饮料带入比赛场内，按照国际惯例，比赛的时候只会允许携带软包装的饮料进入赛场。另外，观众自己的垃圾要用方便袋或纸袋自行带出场外。进入比赛场地时，观众衣着应该整洁大方，不应邋遢、不端庄，不可太随意。

第二点：进入比赛场地之后，手机应调成关机状态或者振动、静音状态。同时，在游泳场馆内是严禁吸烟的。在运动员入场、广播介绍各国运动员时，观众应鼓掌表示对运动员的支持和鼓励，不可喝倒彩，不可歧视某些国家的运动员。

第三点：在比赛开始时，特别是裁判员准备发令和运动员正在准备出发时，一定要保持赛场的安静，不要在这一时刻吃零食或者左右聊天、喧哗。在比赛正在进行时，尽量不要随意走动。同时，在观看游泳比赛的时候，观众拍照禁止使用闪光灯，否则将不利于运动员辨别方向。

第四点：在观看比赛的时候，观众在看到精彩部分时可以高声喊出自己比较喜欢的运动员的名字，但是需要在啦啦队的统一指挥下高喊口号，而且不能喊出一些不文明的语言。在比赛进行时，运动员发挥得好，观众应鼓掌鼓励。

第五点：比赛结束后，为优胜者发奖牌，同时演奏其国歌。这时，

观众应全体起立并肃静，用眼神或欢呼声给运动员最真诚的祝福。

当今社会是一个文明社会，我们也应该做一个文明的观众。遵守观赛礼节也是一场完美赛事的重要组成部分。作为观众，简单来说，观看比赛时，着装要得体，举止要得宜，应该保持安静不要喧哗，该欢呼时则应给予运动员最充分的肯定。在享受比赛的同时，不要忘了观赛礼节，这也是比赛中观众应该遵守的规则。

蝶泳的裁判法

1. 在蝶泳比赛中，出发或者转身后，运动员在水下潜泳的距离不能超过15米。若是运动员的头部在潜游15米之后才露出水面的话，就已经犯规了。

2. 在蝶泳比赛中，出发或者每次转身后都是允许水下侧打腿的，但是这个时候要是运动员转成仰卧的姿势，即两肩横轴超过垂直面的话，就已经犯规了。

3. 在蝶泳比赛中，两腿不允许做交替打腿的动作，不允许出现蹬蛙腿的现象，不然的话，运动员就已经犯规了。

4. 在蝶泳比赛中，转身和抵达终点时，运动员双手应该在水面、水上或者水下同时触壁。如果单手触壁或者双手一前一后触壁，应该被判犯规。这个是很容易犯的错误，有些运动员转身时双手先后触壁，但是有一只手臂很快就移到游进的方向，这个时候很容易误判，对裁判而言，这点要相当注意。

5. 在蝶泳比赛中，两臂在水面上应该同时向前摆，并同时在水下向后划水。若是两只手臂动作不同时，运动员已经犯规了。

6. 在蝶泳比赛中，不允许两只手臂在水下前移。如果运动员在转身或者抵达终点时手臂前摆入水后做一个蛙泳划臂动作再触壁，

就算是犯规了。这种情况通常会出现在运动员在触壁前距离判断有误或者动作调整不及时，两臂前摆入水后尚够不着池壁，于是再做一个蛙泳小划臂动作再触壁。

在赛场上，紧张的心理或者动作不谨慎，都有可能出现犯规的情况，这个时候，运动员要提高警惕，好好地研习裁判的方法，这样知己知彼，才不会撞到枪口上，出现犯规的现象了。这就要求练习者在平时的练习中也一定要规范练习，在比赛时才能游刃有余，不容易犯错。

蝶泳比赛环境

蝶泳的比赛环境包括比赛场地和比赛设施。

❖ 比赛场地

国际标准游泳池长 50 米，宽至少 25 米，深 2 米以上。设 8 条泳道，每条泳道宽 2.50 米，第一和第八泳道的外侧分道线距离池壁为 2.50 米。

❖ 计时装置

游泳比赛中主要通过自动计时系统来记录每位运动员的成绩，确定运动员的名次。

自动计时系统包括发令装置、触板和计时器 3 部分。

奥运会和世界锦标赛中，自动计时系统还应该包括大型电子显示屏和终点录像系统。

1. 发令装置包括话筒和电笛（如果使用发令枪，必须带换能器）。发令装置与各出发台的扬声器相连，以便使每位运动员都能同时听

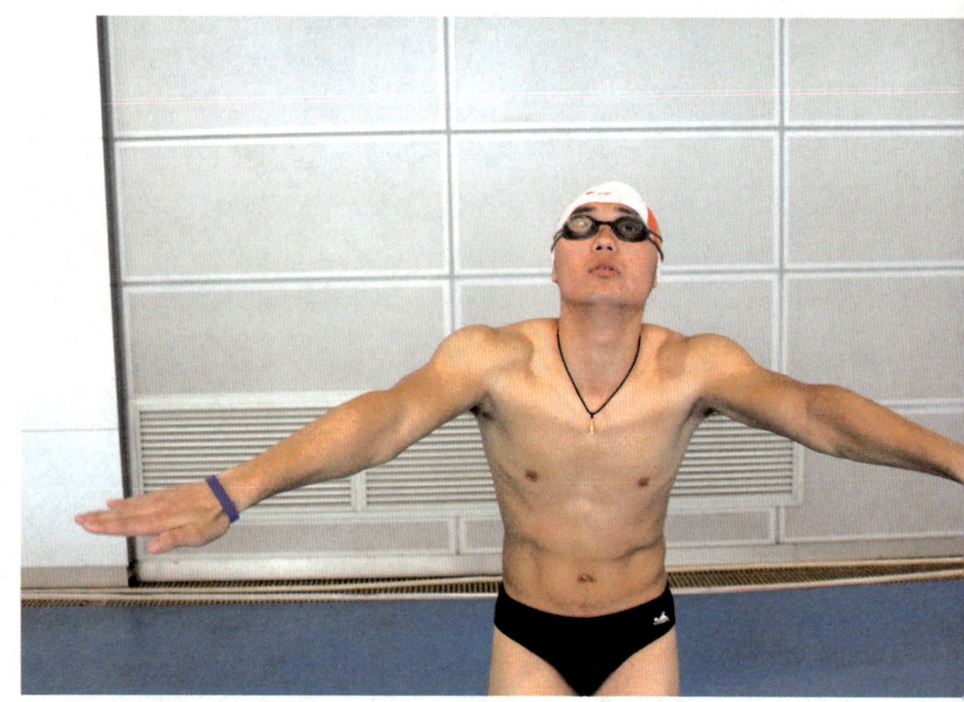

到发令员的口令和出发信号。

2．触板的尺寸应不小于2.4米宽、0.9米高，厚度0.01米±0.002米。应安装在泳道两端中心的固定位置上，运动员在每次转身或到达终点时接触触板即可记录比赛成绩或分段成绩。

3．计时器应安装在距离游泳池终点端3～5米处装有空调的控制室内，控制室面积不小于6米×3米。比赛期间，控制室与游泳池间的视线不能受到阻碍。

4．按照规则要求，游泳比赛计时器应精确到百分之一秒。除记录和处理运动员比赛成绩外还能够自动记录运动员游进趟次，以及在接力比赛中判断运动员是否交接棒犯规。

5．大型电子显示屏在比赛过程中将显示运动员的比赛成绩、名次以及其他信息。电子显示屏应至少可显示10行，每行显示32个

字符，每个字符的位置上均能显示字母和数字。

6. 在奥运会和世界锦标赛中，终点录像系统将作为自动计时系统的一部分来记录运动员的比赛成绩。在其他赛事中，需要配备半自动计时装置作为补充。半自动计时装置要求每条泳道有 3 名裁判员独立操作按钮与计时器相连接的按钮，在运动员到达终点时，裁判员按下按钮来记取运动员成绩。

❖ 召回线

出发犯规召回线，应该悬挂在水面以上不低于 1.2 米的位置，距离每端池壁 15.0 米。出发犯规召回线应该由一个快速断开装置连接。犯规召回线启动时必须能有效地覆盖所有泳道。

❖ 分道线

分道线长度应和赛道长度一致，固定在凹进两端池壁的挂钩上。挂钩的位置应该保证分道线两端的浮标能够浮在水面上。分道线浮标直径 0.05 ～ 0.15 米。

❖ 出发台

应设于泳池两端每条泳道的中央位置上，其前缘高出水面 50 ～ 75 厘米。表面面积为 50 厘米 ×50 厘米并覆盖防滑材料，倾斜度不超过 10 度。出发台应该保证让使用前倾式出发姿势的运动员能够在前方或两侧抓住平台。如果出发台的厚度大于 0.04 米，建议两侧有不小于 0.1 米宽、前端有不小于 0.4 米宽、深入台体 0.03 米的握手槽。

前倾式出发把手应该安装在出发台两侧。仰泳出发把手应该安装在水面上方 0.3 ～ 0.6 米处，既可以与水面平行安装，也可以与水面垂直安装，与池壁表面平行不突出于池壁。

精彩赛事直观

对于竞技体育而言，最激动人心的时刻一定是比赛时。且不说现场热烈的氛围，仅从运动员来说，那么多优秀蝶泳运动员云集，在对手的激励下显现出平时不曾显出的实力，那场面就格外激动人心。运动员也可以用实力来实现自己的冠军梦，为多年的努力画一个漂亮的句点。美的运动总是让人无法侧目，仔细盘点一下，蝶泳的精彩赛事还真不少，今天在这里为大家摘录一些，让大家来感受一下精彩的蝶泳赛事。

精彩直击一：上海游泳世锦赛，“飞鱼”蝶泳一战 high 爆全场

提到菲尔普斯，我想不管是喜欢游泳还是不喜欢游泳的人听到他“飞鱼”的大名都如雷贯耳，在蝶泳爱好者眼里，他更像是一座丰碑，只要有他在，别人只能望其项背，永远在追逐他的身影。他就是这样一个游泳天才，带给我们无数的精彩赛事，让我们震惊，带给我们无限惊喜的一个传奇。且不提在 2004 年雅典奥运会上他一人独得 6 枚游泳金牌，也不提在 2008 年北京奥运会上他单人就拿了 8 枚金牌的辉煌战绩，在这节里，我们要欣赏的是在 2011 年上海世界游泳锦标赛 200 米蝶泳比赛中，他又一次傲视群雄称霸全场。

2011 年 7 月 20 日已经是开赛的第四天了，菲尔普斯还没有斩获一枚金牌，200 米蝶泳是他的强项，在比赛开始前，我就已经知道这枚金牌非他莫属。但是，比赛激烈的程度还是超出一般。中国选手吴鹏排在第二泳道，菲尔普斯排在第三泳道，在亚运会 200 米蝶泳比赛中夺冠的日本选手松田丈志排在第四泳道，高手都围绕在他身边。但是比赛一开始，他上来就先发制人，一马当先，好像是在告

YINGFA

诉对手:“你要是有本事就上来追我!”松田丈志紧紧跟随在他后面,呈现出两虎相争的状态,中国选手吴鹏也紧随其后!在第一个50米转身时,菲尔普斯又是一马当先,他真的不愧“飞鱼”的称号!在整个进程中他始终遥遥领先,就算其他次位如何更替,松田丈志到了第二位,吴鹏到了第三位,他还是遥遥领先的飞鱼!“鹰击长空,鱼翔浅底,万类霜天竞自由!”看到这样激烈的角逐,你会情不自禁地咏出这句词。菲尔普斯的每一个动作,都无比精准,他的手臂比一般人要长,更适合蝶泳的需要,所以,当看到他像蝴蝶一样振翅高飞的时候,“加油!加油!”观众席上众多的“飞鱼迷”也都像打了兴奋剂一样站起来欢呼,也许对于“飞鱼迷”来说,看到菲尔普斯比赛本来就是一针强心针。最后50米,对每个人来说都是艰难的,体力已经被大量消耗,要加速的话就要更加努力!菲尔普斯再一次展现出天才的实力,一口气冲到了终点!当观众席上的人站起来高呼的时候,掌声如雷,轰动全场。

在看比赛时,才能感觉到蝶泳的精彩与震撼人心。运动员的一个起跳,一个移臂,一个打腿,漂亮的转身,完美的动作,迅猛的速度,就好像观众自己也跟着他们在泳池中“飞翔”一样,带着自己的梦,带着自己欢愉的感觉,呐喊,加油,一切都变得美好起来。现如今很多人研究菲尔普斯的训练方法和蝶泳技巧,希望他们研究出来的成果对大家今后提高泳技也有帮助吧。

当然我们也可以了解一下菲尔普斯蝶泳训练方法和他蝶泳的特点:

蝶泳训练方法:

1. 单臂划水训练:单臂,顾名思义就是只用一只手臂。只有一只手臂的话就是单侧蝶泳姿势,它分为直臂的单侧蝶泳和屈臂的单

侧蝶泳。

2. 在训练过程中单双臂训练要交替进行。一般来说，一轮训练中练习 2 次单臂 1 次双臂。

3. 就划水训练来说，要谨记“222”口诀，即两次左手两次右手两次双手的交替划水。

4. 游完一次蝶泳要有两次打腿。

5. 划幅越远越好。

菲尔普斯在呼吸的时候头部的位置相对来说是比较低的，头和身体躯干保持在同一条直线上，而且吸气的时候不向上抬头。

菲尔普斯蝶泳技巧：

入水轻柔——水上飞，体位高平，柔软优雅！

一次打腿抽腰提臀，只有臀位高居，才能做到体位高平，并且为二次打腿的大腿下压做好充分准备。练习蝶泳的朋友一定会发现一个有趣的现象：一次正确的打腿抽腰提臀，臀位高居时，好像是屁股在出水。

入水时头胸（肩、腋）下压，低于手部的位置，这个动作基本是区分专业和非专业、蝶泳和疑似蝶泳的一把尺子。很多蝶泳爱好者，由于肩部柔韧性的问题总是打不开肩，入水后手就被身体带入水底，也就没有办法抱水，最后导致手脚配合不协调，动作比别人慢。

手部入水的要点简单来说就是要最大限度地抚过水面，即手部入水尽量向前伸，动作轻柔，这样更有利于顺利进入抓水抱水阶段。

在水里完成一系列动作：弯曲膝盖的同时下压大腿，避免上抬小腿，这样脚就不会露出水面了。当臀部处于最高处时，下压打腿，二次打腿后人就是贴着水面前行。若臀部位置不够高，二次打腿后人会与水面形成一个角度，也就是说不是贴着水面，泳姿和速度都

会受到影响。

简易练习方法：平时站在桌子前面压肩，游的时候，入水后定格在那里，让别人看看你的手、肩的位置。自己定格在那里的时候，也可以在水里抬头看看自己手的位置在哪里。

我们通常把蝶泳打腿称为海豚泳，强调腿和脚有节奏地律动，来自身体躯干的中心发力。海豚腿包括躯干、腿和脚的动作。放松的踝关节是高效的海豚踢的关键，灵活的踝关节能让游泳者保持平衡并给予发力点。必须保持连续海豚打腿使得身体在水面保持正确的姿势，臀部接近水面。

❖ 髋关节节奏

关于髋部的节奏性问题，这不是所有的运动员都可以做到的。在手入水时，髋部达到最高点，与此同时，头部和胸部也要达到最低点。

❖ 连贯性的蝶泳打腿

如果把蝶泳比作是正在扇风的扇叶，那么蝶泳腿就是它的转轴，转轴带动扇叶，蝶泳腿驱动整个蝶泳。或许，这个比喻不是那么恰当，但对蝶泳来说，蝶泳腿不仅是它的标志，更是它源源不断的动力。蝶泳打腿的幅度在一般情况下都是相同的，在蝶泳的整个过程中，腿始终没有停顿，必须连贯始终。有很多教练告诉运动员，每一划的两次打腿要一轻一重。但是在实际的练习中，两次打腿用力相同会更好。因为当两次打腿的力量均衡使用时，可以让身体的波浪更加流畅连贯，稳定性更好。

如果进行 200 米蝶泳比赛，菲尔普斯在前面的一半路程中主要

是在控制节奏，后面的一半路程就会开始全速前进。所以说，并不是所有的运动员都能够模仿菲尔普斯的蝶泳进度。菲尔普斯的身体很独特，他的上肢相对正常人要长，而且腿、腰部位的动作又很好。因此，他总是能够保持一个较高的身体姿势，一进入水中就可以迅速抓住水。而这些对于一个一般的运动员来说，从生理上是很难达到动作要求的，有时候，对某一个运动员可能非常有效果的姿势或者动作，但对其他的运动员就可能没有太明显的作用，有的甚至还会造成阻碍或者伤痛。所以，即便菲尔普斯的动作技术很好，也不要盲目地去模仿。

菲尔普斯还有一个特点是他完成一次划水可以配合一次吸气，而普通的运动员基本上都是划 2 次水配合吸一次气，所以菲尔普斯在蝶泳前进的过程中就能够使身体得到充足的氧气补给，这也是他在最后的冲刺阶段能够具有很强的后坐力的原因。在很多次的蝶泳 200 米、蝶泳 400 米比赛中，他都是在最后的冲刺阶段时打败对手的。他能够做到一划一次的呼吸比例，也正是由于他能拥有强有力的连贯性打腿与恰当的头部位置，这就让他身体的重心可以很好地维持在一个较为稳定的位置，从而也获得了身体的平衡稳定。但是如果其他的运动员在头部位置和身体姿势不能达到这种要求时，那么就不宜提倡使用这种换气方式。

而且，菲尔普斯在所有的情况下，200 米蝶泳一直都是比 100 米蝶泳的成绩要好，他的动作非常稳定，像很多优秀的运动员一样，能够游完几千米之后还保持跟原来一模一样的动作。在运动中需要注意的是，部分运动员的划手和蹬腿动作并不是配合得很好，他们的腿有时候会跟不上手的动作。这是由于在训练的时候他们的每个蹬腿动作和划手时间相互不同，所以就会在手脚的配合上产生一些不一致的情况，这就是时间差的问题。因此，蝶泳学习者在训练的时候，可以让旁边的辅助者记录时间，保证在完成同样数量的划手与蹬腿动作的同时，还要保证它们的时间也是相同的。

在训练中，要让运动员做到快速蹬腿，然后再记录下完成蹬腿动作的总时间，从而推算出完成一次蹬腿动作所需的大约时间；同时要让学习者进行快速划手练习，记录下完成划手动作的总时间然后推算出一次划手所需的大致时间。最后再通过相互比较调整，最终使划手动作和蹬腿动作两者的时间保持一致，不会再存在时间差。

精彩直击二：北京奥运会上焦刘洋斩获 200 米蝶泳亚军

2008 年北京奥运会，中国的奥运健儿表现尤为精彩。提到女子 200 米蝶泳，大家一定会想到刘子歌和焦刘洋。当年，她们分别获得冠军和亚军，被称为“蝶泳双姝”。前面第四章介绍过刘子歌，这里就不赘述了，我们就一起来看看焦刘洋的蝶泳风采。

比赛开始前，各国选手陆续入场，中国选手焦刘洋被安排在第三泳道。这个项目的世界纪录保持者是澳大利亚选手施佩尔，她之前的成绩是 2 分 5 秒 40，她被安排在第五泳道。介绍焦刘洋时，她显得很轻松，气定神闲地在一旁观望。她大方地挥动手臂向观众打招呼，观众席上顿时一片欢呼。作为场上最年轻的选手，她传递给我们的是青春的气息以及满满的信心。第四泳道的是中国选手刘子歌，同样是胸有成竹充满信心的感觉。介绍完后面几个泳道的选手后，比赛就正式开始了。各国选手都站在起跳台上，为跳水做着准备运动。

裁判发令后，焦刘洋就跃入水中，用力地划水，有节奏地打腿，出发非常不错。渐渐地，焦刘洋与几名选手游得比较快，第一次到达目的地触壁折回后，焦刘洋就处于领先位置了，第二次触壁折回后，焦刘洋下压打腿，臀部抬高，头部露出水面，邻泳道的刘子歌爆发

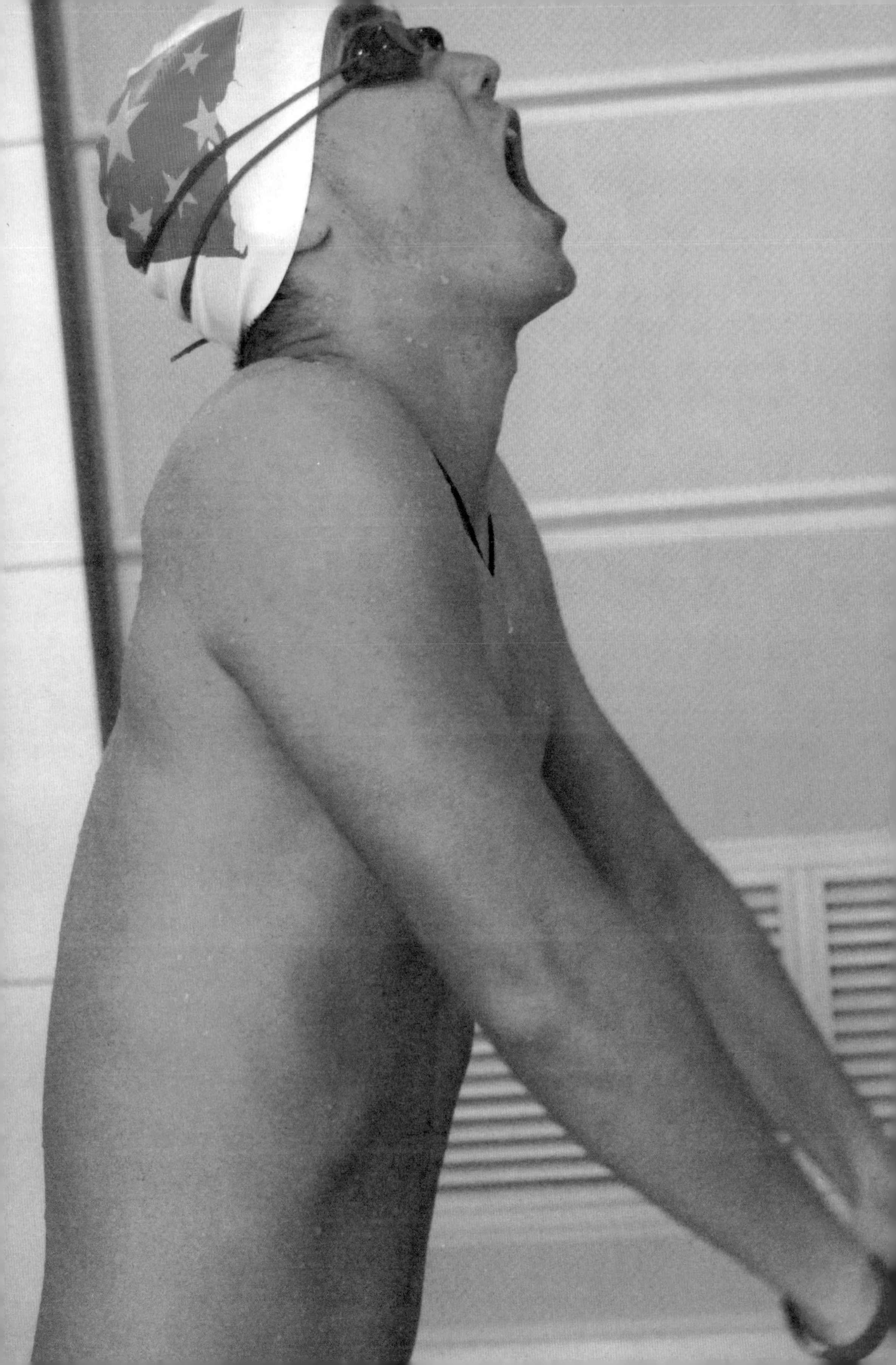

力很强，游的速度变快了许多，略微超过了焦刘洋。

游到第三遍的中段时，刘子歌和焦刘洋及施佩尔已经领先其他选手许多了，但两人不敢有丝毫松懈，仍是奋力向前游，后面的选手也拼命追赶。赛事发展到最紧张的阶段，各国观众都在为本国运动员摇旗呐喊。最后一次转身时，刘子歌排在第一位，施佩尔排在第二位，焦刘洋排在第三位。紧接着开始最后的冲刺，刘子歌继续保持了领先的位置，焦刘洋发力，超过了施佩尔，而施佩尔似乎游不动了，落后刘子歌和焦刘洋许多，也许真的是年纪大了，体力比不上年轻人。

随着解说员激动的声音“冠军属于中国！”刘、焦二人双双到达终点，刘子歌以 0.054 秒的优势领先于焦刘洋，双双打破了施佩尔的世界纪录，两人分别获得冠军和亚军。

观众席上沸腾了，教练们露出欣慰的笑容，中国观众高兴得跳起来了，我们又获得了一枚金牌和一枚银牌！

刘、焦二人摘下眼镜，露出沉稳的笑容，澳大利亚选手施佩尔也被中国运动员的实力所折服，输得心服口服，她微笑着握住了刘子歌的手，表示真诚的祝贺。

而解说员则高声宣布：中国游泳队用自己的实力证明了中国游泳的水平！

颁奖时，焦刘洋露出了甜美的笑容。当国歌奏响的那一刻，她眼睛里闪动着晶莹的泪花，望着缓缓升上的五星红旗，那一刻，13 亿中国人心里都是无比喜悦。

大家都知道，在 4 年后的伦敦奥运会上焦刘洋获得了女子 200 米蝶泳冠军。把银牌换成金牌，焦刘洋用了 4 年。在奥运女子 200 米“蝶后之争”中，焦刘洋在最后 50 米上演超级逆袭，击败西班牙名将加西亚夺冠。而过去的 4 年，对于她来说也无异于一场人生的逆转。不得不说，每一次成功的背后都包含着无限艰辛的奋斗，这些蝶泳运动员值得我们每个人致敬。

精彩直击三：德纳·沃姆勒伦敦奥运会破世界纪录

德纳·沃姆勒是美国泳坛名将，自由泳和蝶泳都有不俗的实力。作为一名泳坛老将，沃姆勒的个人战绩十分辉煌。这里要提的是，她在 2012 年伦敦奥运会上获得女子 100 米蝶泳冠军，当时她以 55 秒 98 打破了世界纪录。

北京时间 2012 年 7 月 30 日，伦敦奥运会女子 100 米蝶泳决赛在水上运动中心落幕，美国选手沃姆勒以 55 秒 98 的成绩获得金牌，中国选手陆滢以 56 秒 87 的成绩获得银牌，澳大利亚选手科茨以 56 秒 94 的成绩获得铜牌。

在决赛前的预赛和半决赛中，沃姆勒都创造了非常好的成绩，因此决赛开始前，沃姆勒显得十分自信，就连准备动作都做得很轻松自如。入水后，出发非常好，刚开始的几个动作游得非常开，身体位置很高，入水点比较远，触壁很迅速。与预赛和半决赛相比，在决赛中沃姆勒改变了战术，前面游得很稳定，后面飞速冲刺，她超过了其他选手，处于领先位置。之后沃姆勒的优势十分明显，并以 55 秒 98 创造了世界纪录，兑现了她赛前要游进 56 秒以内的诺言。得冠后，沃姆勒很激动，脸上露出灿烂的笑容，并与邻泳道的选手拥抱。

蝶泳比赛也是讲究战术的，在前一段沃姆勒稳定地游，最后阶段全力冲刺是一个不错的选择。不过这种战术对运动员的心理素质要求较高，因为一开始你可能会落后于别的运动员。另外，这个战术显然不适合短程蝶泳比赛。

沃姆勒训练时，手臂非常有力，打腿很有节奏，整个人就像是

一只有力而灵活的海豚在逐浪前行，特别适合短距离蝶泳。我痴迷于她的蝶泳技巧，在多次看她游泳的视频资料后总结出以下几点：

1. 打腿力度和幅度均衡；

2. 划水路线是短抱长推，入水马上进入推水阶段，划水路线双C，适合短距离蝶泳；

3. 呼吸频率两划一呼吸，呼吸时上肢位置和头部位置紧贴水面；

4. 手臂入水是齐肩入水（与肩同宽）；

5. 移臂是低平直。

精彩直击四：美国密歇根游泳大奖赛200米蝶泳决赛中，吴鹏击败菲尔普斯夺冠

提到吴鹏，相信大家都不会陌生，这个阳光的大男孩，笑容和蝶泳一样好看。吴鹏是中国游泳队的一名老将，在2002年釜山亚运会上，当时年仅15岁的吴鹏包揽200米蝶泳、200米仰泳和400米个人混合泳三项冠军，在国际赛场上“一炮打响”。此后，吴鹏一直保持着较高的竞技状态，并将主项逐渐锁定在200米蝶泳上。他也渐渐成为中国泳坛的领军人物。2011年4月9日，在密歇根大奖赛男子200米蝶泳决赛中，吴鹏首次战胜菲尔普斯，勇夺冠军。这不可不谓之又一个伟大的成就了。

虽然这场比赛并非很重大的赛事，关注度也并不是太高，但这是吴鹏首次在直接较量中战胜“飞鱼”菲尔普斯，还是意义非凡，所以今天来与大家一起分享这场比赛。希望这场泳池中的较量能给大家带来不一样的感受。我们习惯看菲尔普斯站在冠军领奖台上，这次是吴鹏成了主角。

“飞鱼”菲尔普斯一直是泳坛的标志性人物，而在美国密歇根游泳大奖赛200米蝶泳决赛中，吴鹏以1分56秒62的成绩第一次在

直接较量中击败菲尔普斯。

出场时，“飞鱼”依旧是一副王者的模样，听着音乐，信心满满。吴鹏显得很沉静，做着入水前的准备运动，不去理会别的。吴鹏被安排在第二泳道，在他旁边第三泳道的就是菲尔普斯。

吴鹏的起跳非常远，入水后游到泳道中段后出水，手臂、腿的动作都十分完美，动作非常有力，他很快就领先了，游到第三遍时，吴鹏已经领先菲尔普斯许多。现场的观众显然不敢相信自己的眼睛，领先的是中国选手吴鹏没有错，在他旁边泳道的菲尔普斯的速度也越来越快，吴鹏也并没有放松，一直到最后 10 米，吴鹏的冲刺更加明显，终于他第一个达到了终点，现场所有人为这个中国小伙子欢呼。而他依旧是一脸平和的笑容，似乎波澜不惊。这次比赛，菲尔普斯可能状态不佳，落后吴鹏 1 秒 17，获得第四名，这也是他 2002 年来的首次失利。

“我还可以游得更好。”赛后吴鹏自信地说。

可见，体坛没有永远的“常青树”，没有打不破的神话，这是一个需要拼搏的舞台。就像中国以前的游泳实力偏弱，现在泳坛涌现出许多年轻小将了，如孙杨、叶诗文等。中国游泳队的实力在不断增强，奥运会上拿的金牌也越来越多，也许不会再出现北京奥运会菲尔普斯独揽八金这样的状况了。

精彩直击五：新加坡“小飞鱼”陶李 2010 年广州亚运会女子 50 米蝶泳摘金

与长距离蝶泳相比，短程蝶泳更考验参赛者的速度和瞬间爆发力。这里要提的是新加坡“小飞鱼”陶李在 2010 年广州亚运会女子 50 米蝶泳上摘金。

陶李，原籍湖北武汉，新加坡蝶泳选手，她虽然身高只有 1 米

60，但已享有新加坡“小飞鱼”之称。小个子的运动员看上去更有活力，2010年广州亚运会陶李获得女子50米蝶泳金牌证明了这一点。

在入场的运动员中，我们能一眼就认出陶李，因为她是运动员中个子最小的，外形更像一个孩子，但更吸引人的是她桀骜的眼神，似乎在说“我就是为冠军而来的”。陶李在第五泳道，介绍到她时，她舞动双臂以一个非常有力的姿势向观众打招呼。

参赛的除陶李外，还有中国选手焦刘洋、陆滢等实力很强的运动员。因为平时的训练等都很充分，她们的肌肉也都恢复了，处于备战的状态，所以对于50米短距离蝶泳比赛而言，比拼的除了实力之外就是心理素质。这项比赛目前的世界纪录保持者是中国选手周雅菲，成绩是25秒57。不知道这一次是不是能打破这个纪录。

比赛一开始，竞争就非常激烈，首先是焦刘洋一马当先，陶李紧追不舍，可陶李的爆发力十分强，只看见她奋力而起，她的身上好像是装了一个马达，不一会儿就已经超过了焦刘洋，在最后几秒陶李几乎没有露出水面，用手臂带着水的阻力前行，力量实在是太惊人了。所有人的注意力都在她的身上，大家好像是不相信自己的眼睛，最后10米，最后5米，大家都舍不得眨眼睛，就这么盯着赛场，陶李，她率先到达终点！

短短的50米，比的就是爆发力及冲刺的速度。陶李不愧是“小飞鱼”，游的速度非常快，26秒10，获得冠军。

陶李对着观众做了一个她惯常的动作，即用食指和中指指着自己的眼睛，表情有些“凶狠”，一如她在蝶泳过程中的狠劲。赛前，陶李坦言想获得冠军，她果然做到了。

不同赛程的蝶泳比赛具有不同特点，这次比赛焦刘洋只获得了第四名，我们不能说她实力不强。焦刘洋是一名后程冲击力非常强的选手，适于长距离蝶泳。而像陶李这样“拼命三郎”型的，自然在短程蝶泳中更具优势。

50 米蝶泳比赛虽然短暂，但选手们的速度令人震撼无比，让我们回味无穷。

全世界的蝶泳精彩赛事不胜枚举，在这里也只是撷取一些来与大家分享。即使大家没有亲眼看到比赛场上他们的英姿，但是也可以上网找出这些精彩的赛程看一看，也同样会很精彩。我们在看比赛的时候除了可以关注运动员的速度，还可以以欣赏的眼光观看他们的动作，空中移臂和身体的小波浪的律动，视觉上的冲击，给人一种爽快的感觉。欣赏了这么多精彩赛事，相信大家更进一步了解到蝶泳技巧了，是不是更加无法自拔地爱上了蝶泳这项运动呢？希望大家在看优秀蝶泳赛事的同时，摸索出适合自己的蝶泳技巧，早日在属于自己的那条泳道上游出美丽的轨迹！

蝶泳之段位

可能有很多人只是把游泳当成一种乐趣，有多少人知道，游泳也是可以考级的呢？现在要给大家介绍的就是蝶泳段位的相关事宜。

《全国业余游泳锻炼标准实施办法》

第一条　为贯彻落实《全民健身计划纲要》，鼓励和推动群众积极参加游泳活动，增强人民体质，根据《中华人民共和国体育法》，制定本办法。

第二条　全国业余游泳锻炼标准（简称《锻炼标准》）适用于开展游泳活动的各级组织和单位，实施对象为 7 周岁以上的国民。

第三条　国家体育总局游泳运动管理中心在国家体育总局的领导下负责《锻炼标准》的制定、修改和推行，中国游泳协会负责具

体实施。

各省、自治区、直辖市、计划单列市、新疆生产建设兵团体育局、总参军训部、总政文化部、各游泳协会、各行业体协、各体育院校（以下简称各体育主管部门）在各自职权范围内负责宣传、指导、管理并组织本地区（部门）各基层单位的具体推行工作。

第四条　大、中、小学可把《锻炼标准》的实行工作与素质教育课、体育课紧密结合起来，以增强学生体质，促进全面发展。

第五条 《锻炼标准》的项目设置分达时项目和达距项目两种。

（一）达时项目：采用一种泳姿在一定距离内以所用时间确定达标段位。

（二）达距项目：以 30 分钟内所游距离确定达标段位。

第六条 《锻炼标准》由业余游泳锻炼段位标准和业余游泳等级标准两部分组成。

第七条　业余游泳锻炼段位设置

（一）游泳初段。

游泳初段需经过游泳培训班培训，培训班学员结业时须采用一种姿势游完 25 米距离。

（二）18 岁以下各年龄组为 1 至 4 段。

（三）19 岁以上年龄组为 1 至 8 段。

（四）25 岁至 54 岁和 55 岁以上组的 30 分钟有氧游泳达标标准分为 1 至 5 个段。

（五）达到以下条件者，可授予“游泳锻炼之星”称号：

1. 获得蝶泳、仰泳、蛙泳、自由泳达时项目段位证书者；

2. 在同一种泳姿不同距离的项目中，获得 1 个距离达时项目的最高段位和 2 个其他距离达时项目的段位证书者。

3．在同一种泳姿不同距离的项目中，同时获得 1 个距离达时项目的最高段位和达距项目的最高段位证书者。

第八条　业余游泳技术等级种类分为男、女业余健将、业余一级、业余二级和业余三级。

第九条　举办达标活动的游泳池、场、馆池长必须为 25 米或 50 米，并还需具备下列条件之一：

（一）经县级以上体育主管部门批准的各类游泳池、场、馆。

（二）具备县级以上级别，经教育或体育主管部门批准的大、中、小学游泳池、场、馆；

（三）池、场、馆设施符合国家体育总局颁布的最新《游泳竞赛规则》的下列单位：

1．凡国家体育总局授予最近年度的“全国先进游泳池、馆”。

2．凡获得中国游泳协会指定游泳场馆称号的单位。

3．凡被评为中国游泳协会等级游泳池、场、馆的单位。

（四）由省级体育主管部门指定或承认的游泳池、场、馆。

第十条　举办达标活动时的技术条件要求：

（一）达标者可从出发台上、台下或水中出发。

（二）转身和抵达终点时，达标者的手或身体任意部位必须触及池壁。

（三）达标途中，达标者任何时候不得站立于池底休息和借助其他物体游进。

（四）30 分钟有氧游泳，可任选姿势；中途可以休息但不能走动。只计完成距离。

（五）各级别达标成绩纪录至百分之一秒。

第十一条　可认定达标成绩有效的条件：

（一）依据国家体育总局颁布的最新《游泳竞赛规则》《国际游联成人分龄游泳竞赛规则》，经地（市）级以上体育主管部门批准的正式比赛。

（二）符合本办法有关规定，由办法规定地点认定中各有关单位组织的各类达标活动。

（三）业余游泳技术等级健将标准需在县级以上举行的正式比赛中获得认定。

（四）达标成绩须经比赛裁判长或游泳池、场、馆中等级裁判员或持有中国游泳协会颁发的注册证书的教练员签字，方为有效。

第十二条　获取证书、证章的办法：

（一）游泳者达标后可在达标地点办理领取相应的段位或等级证书、证章手续。

（二）若达标者成绩超过本年龄组最高段位成绩时，可申请办理本年龄组最高段位成绩证书和证章手续，也可根据其成绩申请办理上一年龄组相应段位的成绩证书和证章手续。

（三）达标者在进行达时项目达标活动时，成绩达到业余游泳技术等级一级、二级或三级标准时，可直接申请办理相应技术等级的证书和证章。

（四）参加游泳锻炼者可同时持有多项、多级别、不同年龄组业余游泳锻炼段位和业余游泳技术等级证书和证章。

第十三条　各类证书和证章由国家体育总局游泳运动管理中心统一制作；审核颁发工作委托各级体育主管部门负责。每套证书和证章仅按有关规定收取工本费。

第十四条　本办法自发布之日起实施。1998 年 7 月国家体育总局颁布的《全民健身游泳锻炼标准》同时废止，原发证书、证章有效。

做一名蝶泳达人

小时候，老师会告诉我们“兴趣是最好的老师”，小时候学到的道理往往是最朴素和真实的。对于蝶泳，抛却它的技巧和方法，最重要的还是兴趣。兴趣胜过一切速成之法，兴趣是一切之源。所以希望本书在指导大家学会蝶泳之余，更为重要的一点是希望大家阅读完这本书后，本身喜欢蝶泳的朋友更加深深爱上它，没有接触蝶泳或对蝶泳不甚了解的朋友能因此书开始喜欢上蝶泳。

在本书中常常提到这样一句话：蝶泳的腿部动作酷似海豚，手上的动作如同振翅欲飞的蝴蝶，给人无限的美感，总觉得这样的泳姿有种“天人合一”的味道，是人类与自然界的完美融合。除了极具观赏性的动作，蝶泳本身也是一个很好的健身运动，与水和谐相处，温柔地与水为伍。

况且蝶泳的技术要求比其他游泳项目要高一些，喜欢挑战的朋友一定会想要征服它。虽然蝶泳是一种竞技项目，但又没有人规定我们每个人都必须游得像专业运动员那么好。我们可以好好地享受它带来的激情与美感。它可以作为一种爱好，作为一项休闲活动，也可以作为一种锻炼身体的方式，它更应该是一种“平民运动”。总而言之，我们要想学蝶泳，首先就要去热爱这项运动，蝶泳是值得我们喜欢的一项运动。我们每个人在学习的时候总是会遇到这样那样的问题，笔者也遇到过很多人挺想学习蝶泳，但是因为始终掌握不了学习的技巧所以中途放弃了。也有很多人坚持下来了，并且从中得到了很多的快乐。学习蝶泳，不是一个枯燥的过程，而是一个享受的过程，躯体的每一个部分都得到释放，在泳池中，被水环绕，心与水交融，没有来自学习工作的压力，放松自己，张开的双臂，

像是可以拥抱整个世界。运动，是为了什么？是为了强身健体，是为了释放压力，是为了获得快乐。专业不专业，我们暂且放在一边，只要我们能够在学习的时候持之以恒，能够掌握蝶泳的方法，一定可以学会、学好，做一名优秀的蝶泳达人。

言有尽而意无穷，蝶泳博大的精髓并非一本书就可以讲得完的，这本书只是引导大家爱上蝶泳。只要大家肯花时间，肯用心力，勤加练习，蝶泳一定会回赠我们一个健康的体魄和完美的身材。

第五章

蝶泳的惊艳瞬间

蝶泳本身就是很有魅力的运动，在水中漫游时优雅美丽又不失力量，是真正刚柔并济、动人心弦的运动。看姿势，正面看如同一只翩然起舞的蝴蝶展翅高飞，从侧面看就如同在水中优雅漫步的美人鱼，从后侧看就仿佛是在水中嬉戏的海豚。论速度，也是四种泳姿里的佼佼者，力道精进处，就仿佛是一只在征服天空的鹰。所以说，不管是从姿态还是速度，蝶泳总可以给人以赏心悦目的感觉。而竞技蝶泳比赛中的很多精彩瞬间则会久久地在观众的脑海中徘徊。这一章，主要介绍几个蝶泳的场面，惊艳的瞬间让初学蝶泳的你立刻爱上蝶泳，让本来喜欢蝶泳的人更加欲罢不能！

标准的蝶泳姿势之匈牙利选手塞赫

或许许多人了解的塞赫是在混合泳比赛中他惊人的表现，确实，在混合泳比赛中塞赫常常给人眼睛一亮的感觉。在 2007 年的欧洲短池游泳冠军赛中，塞赫在 400 米混合赛中一举夺得冠军，打破了自己之前保持的纪录。我想现在的你们一定有疑惑，为什么会将塞赫拿出来说呢？毕竟有太多的功勋高过塞赫的蝶泳选手在。这是因为那一年的比赛后，各大报纸给出的标题是“匈牙利选手塞赫蝶泳姿势标准”。这个很是让人惊讶，在赛场上的人的姿势都不差，为什么独独会说塞赫姿势标准呢？

塞赫手臂张开好像大鹏展翅一般，姿势确实很标准。手掌、手肘、手臂的线条都很明朗。在蝶泳时他的肩、肘前伸，两手沿曲线向外、后、下方抓水。两手分开到肩宽时，屈肘，加速划水。两手分开到达最大宽度后，手臂转为向内、向上和向后划水，手臂上抬时保持高肘屈臂。他的两手在胸下时，手之间的距离最近。呼吸与划水的配合也是蝶泳技术的关键。他是在手臂结束向内划水时，头露出水

面吸气，移臂时头还原入水。双手划水两手距离接近到最近时，手臂划水的方向再一次改变，转为向外、向上和向后划水，直至出水。划水出水后，手臂在肩的带动下经空中向前移臂，准备入水、移臂，一般以低、平、放松的姿势从两侧前移。蝶泳的身体姿势掌握比较难，同时鞭状打水也不易掌握。但是他打出的海豚腿姿势也相当漂亮，以腰身带动大腿再带动小腿，整个人的姿态呈现小波浪的流线型，像鞭子抽打着水面。并且他的划水路线形成完美的“钥匙孔”形（两手在胸下或腹下时的距离最近），这种前后划水路线比较均匀。在比赛时给人最完美的印象。也许塞赫在蝶泳上的成就比不上他在混合泳上的成就，但是，他在蝶泳时优雅美丽的姿势还是让人眼前一亮！

对很多人来说，比赛当然是看速度，但是，观众看蝶泳，就好像是在看一场精彩的表演。因为爱这项运动，在休闲的同时，也得到了别人无法想象到的乐趣。也许正是这一次比赛，让很多人都记住了这个匈牙利的小伙子，塞赫！

塞赫的动作是不是很标准？这个在自由泳中成绩斐然的匈牙利小伙子，在蝶泳中也有精彩的表现。

书中开篇说过，世界上最美好的东西之一就是蝴蝶的翅膀。当塞赫蝶泳的那一瞬间，就仿佛看到他长出了蝴蝶一样的翅膀！当人们以休闲的态度来看待蝶泳的时候，它就是无与伦比的美丽。但是当它出现在竞技场上的时候，标准的蝶泳姿势代表的就是自身的技巧。要知道优美的姿势不仅仅加强了观赏性，也是提速的关键。蝶泳对动作的要求相对比较大，因为动作的标准直接关乎提速。

夺冠破纪录之中国“水上花”刘子歌

刘子歌，现在几乎没有中国人不知道这个名字，在北京奥运会

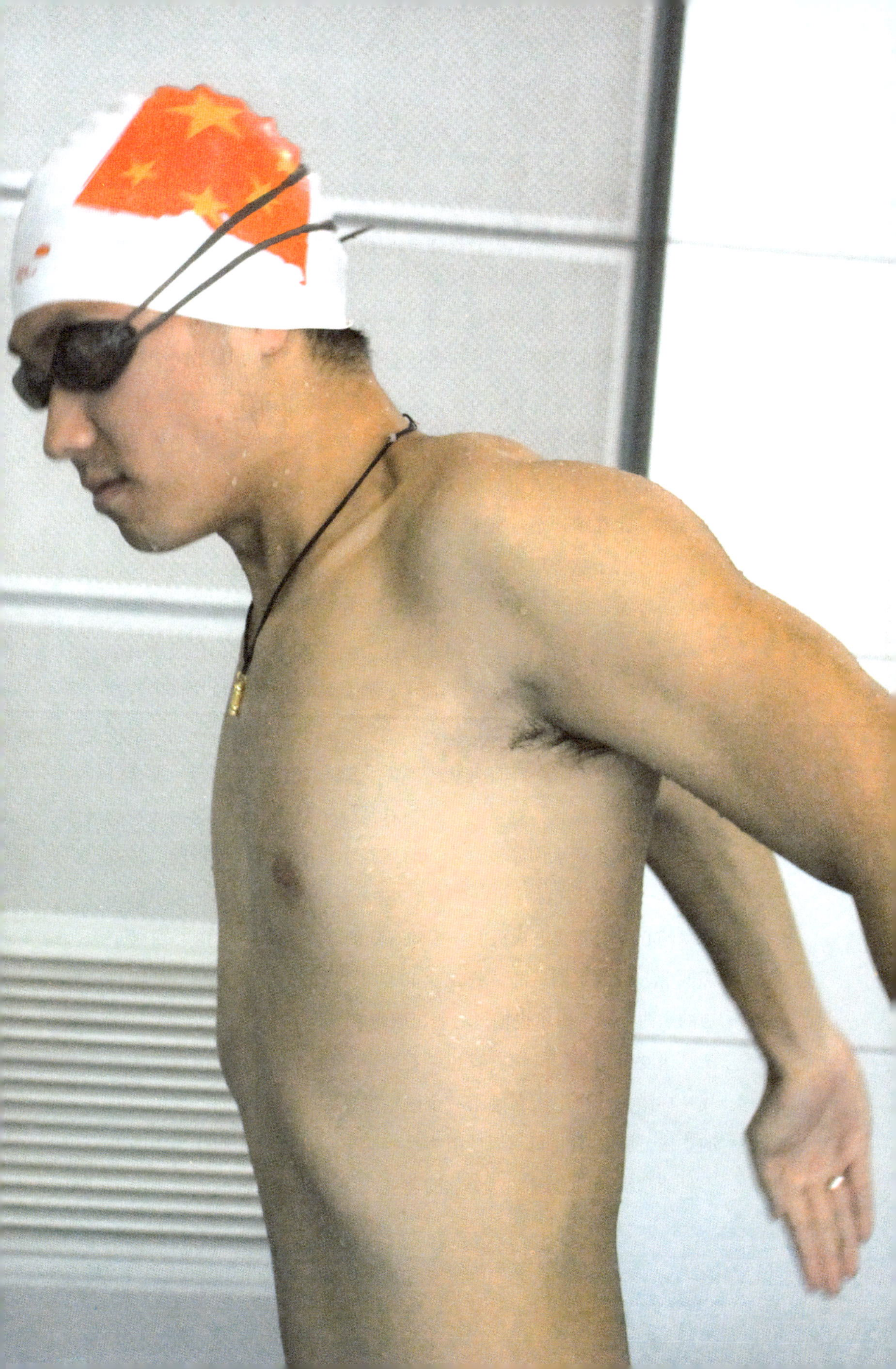

上一战成名的中国小将，被封为“中国女蝶王”的她，当时的表现让人记忆犹新。虽然在伦敦奥运会上她的表现让人大跌眼镜，但是，很多人对她在2008年北京奥运会上那精彩的瞬间仍然记忆犹新。

当时刘子歌和焦刘洋还是初出茅庐的小将，两个人同时代表中国站在奥运会的赛场。能站在奥运会赛场已经是很不容易的事情了。梦幻的水立方，蓝得如同海洋，也好像是每个游泳运动员的一个梦。直至她们决赛的当天，我们还未在水立方拿到一枚金牌，被寄予厚望的她们身上背负着沉重的压力。当比赛的信号发出，运动员们齐齐入水。比赛刚开始，前世界冠军澳大利亚选手杰西卡·希佩尔一马当先，刘子歌被甩在身后，周围的观众大声地为她加油呐喊，连解说员都激动难当。只见刘子歌不断地加速，与杰西卡·希佩尔的距离越拉越近，杰西卡·希佩尔的体力渐渐支持不住，在最后一个50米，刘子歌突然加速，一跃而上，她就像一条美人鱼在水中行动自如，泳池就是她的天下！她一马当先，双手触壁的那一刻，全场沸腾！这就是中国小将的实力，“蝶后”之称，她当之无愧！那是鼓舞人心的一枚金牌！她拿到了！当看到她知道结果后还是很淡定的表情时，很多观众彻底被这个当时还是小将的“蝶后”折服，她就是这样一朵盛开在泳池里的“水上花”，安静而有力度地征服了全场观众的心和全部在电视机前守望的观众的心！2分4秒18！打破了杰西卡·希佩尔创造的2分5秒40的世界纪录！恐怕此刻，就连身边的杰西卡·希佩尔也输得心服口服吧。

速度带给我们激情。我想，看过当时场面的人，心情也应该和我一样激情澎湃吧。在她第一个触壁的那一个精彩瞬间，带给我们的欢愉，胜过了世间一切！因为，我们拿到了这枚人们认为中国人不可能拿得到的金牌！刘子歌的速度，告诉了全世界的人民，中国人的蝶泳也可以惊心动魄!

有人说蝶泳比自由泳慢但是却更耗体力，说得没有错，蝶泳有更多的身体动作,动作有较大的起伏,所以会消耗更多的体力。那么，你想知道提高蝶泳速度的秘诀吗？要提高蝶泳的速度，还得学习刘子歌，刻苦训练，努力才会有成就。但是好的训练方法对提高蝶泳的速度也是较为有用的，技术决定一切，不是吗？前面讲过蝶泳正确的姿势，就要特别注意到：

1. 加强上肢力量，尤其以腰部和大臂为主。多做类似于引体向上这类的练习。

2. 加强自己对于呼吸节奏的掌握，要保持一个自己适应的呼吸节奏。

只要用正确的方法，持之以恒地练习，勤奋是成功最终的秘籍。所以，想要提高蝶泳速度，不要操之过急，应循序渐进，终有所成。

姿势与速度碰撞出的火花

说起蝶泳，不能不提一个人，那就是菲尔普斯。可以说，任何跟菲尔普斯生在同一个时代的前线运动员都会觉得生不逢时！ 18 枚奥运金牌是他磨灭不去的光环！在游泳界他是数一数二的风流人物！对于喜欢蝶泳的朋友来说，他就是神一样的人物。任何人都会为他在泳池中的身影倾倒。他就是这样一个传奇。虽然飞鱼在伦敦奥运会之后就宣布退役了，但是，我想，我们都不会忘记他。

还记得菲尔普斯在 2008 年北京奥运会 100 米蝶泳的表现吗？菲尔普斯在第五泳道，他的队友卡文思在第四泳道。卡文思也是一个很有天分的蝶泳运动员，我想卡文思如果会中文的话一定想说“既生瑜何生亮”！事实就是这么残酷，比赛一开始就已经成了两虎相

争的局面，卡文思还领先菲尔普斯一点点，在第一个50米的时候他们还呈现出胶着状态，卡文思比菲尔普斯更早转身，并且一路领先，菲尔普斯一直处于下风，眼看着卡文思要触壁了，菲尔普斯不知什么时候伸出了他的“上帝之手”，用肉眼看去，根本就看不出来是谁先到达终点的！真是惊心动魄的一战！全场一片哗然！这两个蝶泳健将也在等待着结果，结果评委公布的时间是菲尔普斯50秒58，冠军属于菲尔普斯！在观众席上的菲尔普斯的母亲和姐姐看着结果，喜不自禁！而这位生不逢时的卡文思紧紧以0.01秒屈居第二！我想他此刻应该很是丧气，这位同样有天分的蝶泳运动员，就这样屡屡与金牌失之交臂。虽然我们知道他也是很有实力的蝶泳选手，但这也弥补不了他的遗憾。这一次的比赛,两强相争,关键在最后的那0.01秒，你说这样惊险的比赛，在哪里能够看到呢？且不说卡文思当时木讷的表情是多么令人心酸，跟这样一个天才游泳运动员生在同一个时代，不得不说，这也是人间悲剧的一种。

现如今，有许多人专门研究菲尔普斯的蝶泳技术，也在研究他为何在蝶泳上这么有天分。其实，对许多人来讲，菲尔普斯就是一个传奇人物，他的一划一呼吸的配合方法，至今仍然令很多蝶泳运动员为之效仿。但是，毋庸置疑的是，他个人的身体素质在蝶泳中也占尽了优势。他的上身胳膊长，这样很容易先触到终点线。若是只从体型上看，没有人会认为菲尔普斯是一个标准帅哥。他身高187厘米，但是上下身的比例严重失调。上身的长度大约和207厘米高的人长度相当，而双腿却只和175厘米高的人长度相当。我们普通人的身高和臂展相差不大，而他的臂展却达到了201厘米，超出身高14厘米。而那双47码的大脚，是他划水的动力来源。强壮的上身，修长的手臂以及蹼样的大脚，这真是一个奇异的适合蝶泳的组

合。不仅如此，他的条状肌肉非常松弛，可以保证舒展性，又能减少池水的阻力。而且条状肌肉的人体重比较轻，身高 187 厘米的菲尔普斯的体重只有 79 公斤。而同样是 200 米蝶泳的中国游泳队员吴鹏高 183 厘米，体重却有 84 公斤。因为吴鹏的肌肉类型属于块状肌肉，比较结实，负担也比较大。就这点而言，菲尔普斯的先天条件优越于其他的游泳运动员。更加独特的是，菲尔普斯的肌肉属于久战不疲的极品，他在运动后体内产生的乳酸远远少于其他优秀运动员，大约只有普通运动员的三分之一，所以，菲尔普斯的体能恢复之快、爆发力之强简直让人叹为观止。据说菲尔普斯的身体特点是人类中最接近鱼类的，所以，这也是他有“飞鱼”之称的一个原因吧！

一路看他的比赛历程，每次都好像是见证奇迹的时刻，看他在水中自如挥洒汗水恣意青春，他标准的姿势，迅猛的速度，矫健的身姿，碰撞出速度与激情的火花！

图书在版编目（CIP）数据

蝶泳 / 许胜才编著. -- 长春 : 吉林文史出版社, 2014.1（2023.6重印）

ISBN 978-7-5472-1917-1

Ⅰ. ①蝶… Ⅱ. ①许… Ⅲ. ①蝶泳 – 基本知识 Ⅳ. ①G861.14

中国版本图书馆CIP数据核字(2014)第010607号

蝶泳

DIEYONG

出版人 张 强

主　　编 南来寒

编　　著 许胜才

责任编辑 王 新

封面设计 袁 野

出版发行 吉林文史出版社

地　　址 长春市福祉大路5788号

网　　址 www.jlws.com.cn

开　　本 720mm × 1000mm 1/16

印　　张 12

字　　数 100千

印　　刷 天津市天玺印务有限公司

版　　次 2015年8月第1版 2023年6月第4次印刷

书　　号 ISBN 978-7-5472-1917-1

定　　价 59.80元